HISTOIRE

DE LA

RÉVOLUTION

EN AUVERGNE

PAR

M. JEAN-BAPTISTE SERRES

TOME VII

EXTERMINATION DU CLERGÉ (SUITE)

MAURIAC

KOSMANN, LIBRAIRE.

—

1897

DU MÊME AUTEUR

Vie du Père Murat. . . . . 1 fr.

Histoire de Notre-Dame des Miracles de Mauriac. . . . . 1 fr. 25

Vie de Mgr Lavialle, évêque de Louisville. . . . . 1 fr. 25

Mgr Chabrat évêque en Amérique. 0 fr. 75

Mgr Baldus, vicaire apostolique du Kiang-Si. . . . . 1 fr. 25

Mgr d'Auzers, évêque de Nevers. . 2 fr. 50

Histoire du monastère de Notre-Dame de Saint-Flour . . . . 0 fr. 75

Histoire du monastère de Notre-Dame d'Aurillac. . . . . 0 fr. 75

Catinon menette . . . . 1 fr. 50

En vente chez M. KOSMANN, libraire à Mauriac (Cantal).

HISTOIRE DE LA RÉVOLUTION

EN AUVERGNE

HISTOIRE

DE LA

RÉVOLUTION

EN AUVERGNE

PAR

M. JEAN-BAPTISTE SERRES

TOME VII

EXTERMINATION DU CLERGÉ (SUITE)

AURILLAC
IMPRIMERIE MODERNE
6, Rue Guy-de-Veyre

MAURIAC
KOSMANN, LIBRAIRE.

1896

HISTOIRE DE LA RÉVOLUTION EN AUVERGNE

CHAPITRE Ier

LUTTE ENTRE LES CATHOLIQUES ET LES SCHISMATIQUES

C'est un fait accompli : le schisme est implanté dans les deux diocèses d'Auvergne et les Pontifes nouveaux essaient d'organiser leur misérable Eglise : Périer à Clermont, Thibault à Saint-Flour.

Dès lors, dans toute la province, la lutte commence entre les catholiques et les schismatiques : ceux-ci attaquent, ceux-là se défendent.

Contentes de leurs prêtres, heureuses de leur foi, les populations vivaient tranquilles dans l'exercice de leur culte, dans la pratique de leur religion ; l'arrivée des intrus dans les paroisses mit fin à cet exercice calme et régulier et jeta le trouble dans les consciences en même temps que le désordre dans le pays.

N'ayant d'autre mission spirituelle que celle donnée par l'autorité civile, issu du suffrage de citoyens sans foi, l'intrus se présente à la paroisse, il veut se faire accepter comme seul pasteur légitime, mais les paroissiens le voient de mauvais œil et s'éloignent de lui comme d'un pestiféré, De quel droit vient-il nous imposer une religion nouvelle ? qu'on nous laisse tranquilles avec nos vieux prêtres ; l'autorité civile n'a aucun droit sur nos consciences ; nous ne voulons pas de ce pasteur qui n'est qu'un loup entré dans la bergerie. Tel était le langage des fidèles. Forts de leur droit, ils refusent de recevoir les derniers sacrements du schismatique, d'assister à sa messe sacrilège. La municipalité, le maire en tête, veut les y forcer ; elle pousse le curé légitime hors le presbytère, hors l'église, hors le village, avec menace de la corde si jamais il a l'audace d'y rentrer ; on soutient l'intrus, on veille autour de lui, on garde les portes de l'église pendant qu'il dit la messe. L'intrus, de son côté, dénonce aux autorités locales le curé, le vicaire, les paroissiens ; il écrit au District que « le fanatisme trouble le pays ».

Alors les gendarmes arrivent, les gardes nationales prennent les armes, le maire ceint son écharpe, les patriotes crient, s'agitent, vociférent, et la chasse aux prêtres, aux dévotes, aux fidèles commence dans la paroisse. Les femmes sont trainées de force à la messe schismatique, les hommes sont intimidés par des menaces. Il est facile de concevoir quels excès d'indignation, quelle légitime tentation de résistance doivent éprouver nos religieux montagnards qui d'ailleurs ont conscience de leur droit, qui savent que la liberté des cultes a été proclamée.

Quelquefois indignés, irrités, ils chassent de force les envahisseurs de leurs églises ; le plus souvent ils opposent une résistance passive, subissant, muets et tristes, la violence qu'on leur fait ; mais ils continuent à aller entendre la messe du « réfractaire », c'est-à-dire de leur curé légitime et à couvrir de leur suprême mépris le faux pasteur.

De leur côté, les prêtres ne se révoltent pas ; ils acceptent les lois, excepté celles qui attaquent la religion ; ils se renferment dans l'ordre spirituel, se contentant, comme c'est leur devoir, d'instruire les fidèles, de les détourner du schisme, de les fortifier dans la foi et dans leur soumission à l'Eglise et pourtant on les accuse de prêcher la révolte et d'être la cause de tous les désastres. Sans doute ils administrent les sacrements, mais en secret, clandestinement, se cachant dans les granges, dans les greniers dans les oratoires privés et cependant on les recherche, on les poursuit en criant : « Vous troublez l'ordre public. »

« Par une usurpation énorme, dit Taine, la minorité incrédule, indifférente ou tiède a voulu imposer sa forme ecclésiastique à la majorité catholique et la situation qu'elle a faite au prêtre orthodoxe est telle qu'à moins de devenir schismatique, il ne peut manquer d'apparaître comme un ennemi. Vainement il a obéi, il s'est laissé prendre ses biens, il a quitté son presbytère, il a remis à son successeur les clefs de son église, il se tient à l'écart, il n'enfreint aucun article d'aucun décret ; vainement il use de son droit légal en s'abstenant de faire un serment qui répugne à sa conscience ; par cela seul, il semble refuser le serment civique dans lequel est compris le serment ecclésiastique, rejeter la Constitution, qu'il accepte tout entière, moins un chapitre parasite, conspirer contre le nouvel ordre social et politique. Vainement il se confine dans son domaine propre et reconnu, qui est la direction spirituelle, par cela seul, il résiste aux législateurs nouveaux qui prétendent en donner une... Par cela seul que le schisme est fait, ses conséquences se déroulent et les paysans ne seront pas aussi patients que leur curé. Ils le connaissent depuis vingt ans il les a baptisés et mariés ; ils croient que sa messe est la seule bonne ; ils ne sont pas contents d'être obligés d'aller en chercher une autre à deux ou trois lieues et de laisser l'église, leur église, que jadis ils ont bâtie et où, de père en fils, ils prient depuis des siècles, aux mains d'un étranger, nouveau venu, hérétique, qui officie devant des bancs presque vides et que les gendarmes, fusil en main, ont installé. Certainement, quand il passera dans la rue ils le regarderont de travers. Rien d'étonnant si bientôt des femmes, des enfants le huent, si la nuit on jette des pierres contre ses vitres, s'il est accueilli par la désertion universelle puis expulsé par la malveillance publique.... tout le mal vient de la soudure maladroite, gratuite, forcée de la Constitution politique à la Constitution ecclésiastique et par conséquent de ceux qui l'ont faite.

Mais jamais un parti vainqueur n'admettra qu'il ait pu se tromper. Aux yeux de celui-ci les prêtres insermentés sont les seuls coupables ; il s'irrite contre leur conscience factieuse et pour écraser la rébellion jusque dans le sanctuaire inaccessible de la pensée intime, il n'est point de violence légale ou brutale à laquelle il ne se laisse emporter.

Voilà donc une nouvelle chasse ouverte et le gibier est immense ; car il comprend non seulement toutes les robes noires ou grises, plus de quarante mille prêtres, plus de trente mille religieuses, plusieurs milliers de moines, mais encore tous les orthodoxes un peu fervents, c'est-à-dire, toutes les femmes de la classe inférieure ou moyenne, la noblesse provinciale, la majorité de la bourgeoisie sérieuse et rangée, la majorité des paysans, la population presque entière... Peu importe que la loi soit pour eux, elle est interprétée contre eux, tordue arbitrairement, violée ouvertement par les administrations partiales ou intimidées... Dès les premiers mois de 1791, la battue commence et souvent les municipalités, les districts, les départements eux-mêmes sont à la tête des rabatteurs. » (1)

Dans les premiers mois de l'année 1791, les prêtres catholiques, même dans les paroisses déjà occupées par les intrus, étaient autorisés par la loi à dire la messe dans les chapelles domestiques, dans les oratoires privés, même dans les églises paroissiales. Eh bien, malgré la loi, les

(1) *La Révolution* t. I. p. 436.

municipalités jacobines les chassaient de partout et elles étaient rarement blâmées. L'unique pensée de la Révolution en effet était d'étouffer par toute espèce de répression, légale ou illégale, les moindres manifestations, les plus faibles apparences de vie d'un culte qui n'était pas celui de l'Etat.

L'arbitraire alla si loin que le Directoire du District d'Aurillac, quoique très enfoncé dans la démagogie, par un reste de pudeur, s'en émut et, au nom de la liberté méconnue, rappela ces trop ardentes municipalités au respect des lois.

Voici en entier l'adresse qu'il envoya aux municipalités du District.

Aurillac 5 juillet 1791.

Messieurs, nous avons l'honneur de vous prévenir, en vertu d'ordres, que tout prêtre, quand même il n'aurait pas prêté le serment, a droit, d'après l'article premier de la loi du 23 mai dernier, de dire la messe dans les églises succursales, paroissiales ou oratoires nationales *(sic)* et qu'il ne doit éprouver aucune difficulté, lorsqu'il se présentera dans une église ou oratoire nationale seulement pour y dire la messe, ni être troublé dans le libre exercice de ses fonctions.

Si dans votre municipalité il y avait difficulté de savoir si un oratoire est national ou particulier, c'est à vous, messieurs, à le désigner expressément comme national ou particulier, et nous vous exhortons dans ce cas, à faire cette désignation de suite afin que la loi reçoive son entière exécution dans le libre exercice qu'elle lui permet. Vous devez y veiller avec une scrupuleuse attention.

Nous croyons devoir vous rappeler que par notre lettre circulaire du 10 mai dernier, nous vous avons prévenus que les chapelles domestiques n'ont point été comprises dans l'arrêté du Directoire du département du 21 avril dernier (lequel ordonnait la fermeture des églises et des chapelles superflues); qu'il est permis à chaque propriétaire d'y faire dire la messe par tel prêtre que bon lui semblera tant pour lui que pour les personnes de sa maison et de sa société; vous ne devez permettre que personne y mette obstacle.

Vous ne pouvez forcer ni permettre qu'on force personne à se rendre à l'église paroissiale pour assister au service divin, d'après les principes de la liberté religieuse reconnus et consacrés par l'Assemblée nationale dans sa Déclaration des droits de l'homme et énoncés dans le décret du 7 mai dernier.

Les administrateurs du Directoire du District d'Aurillac, Falvelly, président, Lapeyre, Claux, Boysset, Bouygues, Devèze procureur-syndic. (1)

La loi rappelée ici ne fut pas mieux observée dans l'avenir que par le passé. La persécution s'accentua de plus en plus et régna bientôt en toute violence sur les ruines de la liberté foulée aux pieds : c'est ce que l'on constatera dans les chapitres qui suivent.

(1) Archives départementales.

CHAPITRE II

ADRESSE FURIBONDE DES *Amis de la Constitution*, DE MURAT, RELATIVE A LA LUTTE RELIGIEUSE. — RAPPORT DU PROCUREUR-GÉNÉRAL-SYNDIC DU CANTAL SUR LE MAINTIEN DE LA TRANQUILLITÉ PUBLIQUE.

La chasse aux prêtres devient générale, violente, radicale. Toutes les administrations sont en campagne. Voici, à ce sujet, deux documents précieux, convaincants, d'autant plus acceptables qu'ils viennent de la main même des ennemis des prêtres et qui, tout en jetant le blâme, l'injure, l'outrage au clergé, aux populations catholiques, constatent leur foi vive, leur fidélité à toute épreuve, leur héroïque courage.

Mais avant de publier ces documents, signalons l'étrange langage de cette triste époque, les transformations qu'avaient subies les mots, le sens nouveau donné aux expressions.

Le crime ne prend jamais son nom ; il prend celui de vertu, et sous ce nom, il trompe les esprits. Ainsi on appelait la religion : *fanatisme*, *superstition;* les nobles : *aristocrates;* les bons prêtres : *fanatiques, réfractaires, factieux, prêtres pervers, perturbateurs du repos public etc.* Plus ils étaient saints, plus on les accablait d'expressions grossières et de qualificatifs outrageants. Les intrus, voilà les bons prêtres, les *excellents patriotes,* les *vrais pasteurs.* Les victimes étaient les coupables, les bourreaux d'honnêtes gens ; le bien était le mal, et le mal, le bien. La tyrannie s'appelait *liberté;* le crime, *vertu ;* la folie, *raison.* Milhaud était un *saint,* de Niocel, un *scélérat.* Tel était le langage de l'époque.

Voici maintenant les documents ; ils jettent un grand jour sur la persécution religieuse en l'an 1791.

Le premier est une adresse au peuple par les *Amis de la Constitution* de la ville de Murat. La voici en entier :

« Frères et amis, la société apprend tous les jours avec une douleur profonde que des prêtres fanatiques, rebelles à la loi, cherchent à exciter parmi vous une fermentation séditieuse, (1) qu'ils veulent vous persuader que la religion est en

(1) C'est toujours le même mensonge qui consiste à dire que les prêtres catholiques excitaient les populations à la révolte, tandis que, chassés brutalement de leurs paroisses, ils subissaient la plus atroce persécution.

danger, qu'ils menacent des peines de l'enfer ceux qui reconnaissent l'évêque constitutionnel, qu'ils déclarent schismatiques et excommuniés ceux qui entendent la messe des prêtres sermentaires, ceux qui se confessent et reçoivent les sacrements des fonctionnaires publics, élus par le peuple et soumis à la loi de l'Etat, qu'ils osent témérairement défendre aux fidèles simples ou mal instruits l'entrée de nos églises.

Il est instant de vous prévenir contre ces insinuations perfides, de vous éclairer puisqu'on vous trompe et qu'on vous égare. Il est de notre devoir de vous faire éviter l'écueil où l'on voudrait vous précipiter, de vous apprendre que les auteurs de ces menées dangereuses sont des factieux, des énergumènes qui troublent l'ordre public, la paix des familles, en prêchant l'insubordination aux lois.

Eh quoi ! vous avez résisté à tous les orages, à tous les malheurs inséparables d'une grande révolution ; vous avez déjoué les manœuvres de l'aristocratie de tous les genres ; vous avez déconcerté tous les complots des mécontents qui ont attenté à la liberté que vous avez conquise ; fermes et courageux, vous vous êtes montrés dignes d'elle et de la patrie et vous chancelleriez aujourd'hui ! Vous trembleriez à la voix éphémère de quelques prêtres qui, sous le manteau de l'hypocrisie, sous le spécieux prétexte de la religion, voudraient vous entraîner dans leur parti et compromettre vos intérêts et vos vies !

Citoyens faibles et crédules, avez-vous réfléchi sur l'intention de vos ennemis ? avez-vous étudié leur conduite ? eh bien ! soyez de bonne foi et convenez que ceux qui vous trompent sont des anti-révolutionnaires, des ennemis jurés de la Constitution, des prêtres méconnaissant les décrets de nos représentants à l'Assemblée nationale, des prêtres qui dans l'alternative donnée par la loi, se sont démis des places qu'ils occupaient dans le saint ministère, par leur refus de prêter le serment civique, des prêtres qui, par l'instigation des évêques coalisés, voudraient être indépendants des lois de la société, recevoir le salaire d'une nation qu'ils regardent comme étrangère et dont ils refusent d'être partie intégrante par cet esprit de domination et d'orgueil qui les a séparés longtemps de la grande famille ; des prêtres qui regrettent les dîmes, les revenus de toute espèce que leur ambition et la crédulité des hommes leur avaient valus, qui regrettent les honneurs, les prérogatives si contraires à l'esprit de l'Evangile, à l'exemple de son divin auteur ; des prêtres accoutumés à croupir au sein de la mollesse et des plaisirs ; des prêtres qui, habitués à vivre des abus de l'ancien régime, sans mœurs, sans discipline, voient avec amertume que la Constitution civile les ramène à leur premier état, plus conforme aux beaux siècles de l'Eglise ; des prêtres qui disséminent partout et en secret des ouvrages anonymes, des lettres apocryphes ; des prêtres qui ne s'adressent qu'aux servantes, aux béates, aux femmelettes, individus aussi faibles que superstitieux, pour faire valoir leur cause et perpétuer, s'ils pouvaient, leur autorité tyrannique, ou plutôt anti-chrétienne ; des prêtres enfin qui d'accord avec les ci-devant nobles et anoblis, voudraient ramener l'ancien ordre des choses, nous faire reprendre nos fers, s'engraisser de notre substance.

Le fanatisme, cet horrible fléau de l'humanité, est le moyen dont les méchants se sont toujours servis pour arriver à leur but, et c'est aussi celui qu'emploient nos prêtres réfractaires.

Gardez-vous, frères et amis, de vous laisser séduire ; ils vous parlent le langage de la douceur, ils cachent sous la peau de l'agneau la voracité des loups. Ils voudraient renouveler ces scènes sanglantes qui déshonorèrent le règne de Charles IX. Ils voudraient solenniser une seconde fête de Saint-Barthélemy ; jour terrible qui vit tant de meurtres, tant d'assassinats, tant de carnages qui souillèrent à jamais les fastes de notre histoire !

Et vous les croiriez ces hommes sanguinaires, ces ministres factieux qui alarment vos consciences, égarent vos esprits, pour triompher de votre crédulité et vous armer les uns contre les autres !

La soumission à la loi est le premier devoir des citoyens ; son infraction est un crime. Ce principe est de droit public. Les plus instruits doivent l'exemple au peuple ; n'a-t-on pas le droit de l'attendre des ministres d'une religion qui recommande partout l'union, la paix et la fraternité !

Cependant, citoyens de bonne foi, portez vos regards sur ces prêtres réfractaires ; vous jugerez d'abord leurs intentions coupables, vous découvrirez leurs desseins perfides. Ne sont-ils pas liés avec tous les ci-devant soi-disant gentilshommes et privilégiés qui leur offrent la table, la demeure dans leurs châteaux, dans leurs hôtels, qui leur promettent des pensions ? Ne sont-ils pas les confidents intimes de tous les mécontents dans la Révolution qui régénère la France ?

Ils crient tous au schisme : et qui d'eux ou de nous se sépare volontairement et avec éclat de l'Eglise ? qui d'eux ou de nous fut le plus attaché à la religion de nos pères ! Parce qu'on épure le culte, la religion est perdue !

Croyez-vous sincèrement à ces conversions simulées, à ces grimaces affectées de la plupart de ces hommes soi-disant nobles, qui naguère arboraient l'impiété, faisaient parade de leur mécréance et de leur irréligion et qui aujourd'hui sont réunis avec les prêtres rebelles, qui prêchent partout leur morale envenimée, qui, comme eux, ne parlent qu'avec aigreur du nouvel ordre des choses, qui, comme eux, emploient les accents de la rage et du désespoir, qui, avec eux, s'avisent de prononcer les peines de l'enfer contre les bons citoyens qui refusent de se ranger de leur parti.

Est-ce là le langage de la vérité ? Les apôtres, leur divin maître, n'ont-ils pas prêché la religion chrétienne avec la douceur, la simplicité qui la caractérisent ?

Et ces moyens ne lui ont-ils pas valu plus de sectaires et de prosélytes, que le fanatisme armé de fer et de feu !

Fixez vos regards sur les suites de la morale de ces ministres récalcitrants, sur le fruit qu'ils préparent à la société, vous verrez déjà les consciences alarmées, des familles dans le trouble, ne vivant plus dans la douceur de la paix et de l'harmonie ; vous verrez ici le père brouillé avec le fils, là l'époux séparé de l'épouse, enfin le frère désuni avec la sœur. Voilà votre ouvrage, prêtres fanatiques, voilà les malheurs dont vous affligez certaines familles et dont vous voudriez infecter tout l'empire, ministres d'un Dieu de paix, qui prêche partout l'amour du prochain et la charité !

A ces traits aussi caractéristiques de la révolte, à ce signal de la guerre civile, pourriez-vous, frères et amis, vous laisser égarer ! pourriez-vous surtout, abandonner votre vraie Eglise, méconnaître vos uniques et légitimes Pasteurs (les Constitutionnels), refuser de remplir vos devoirs religieux dans nos temples et préférer d'aller vous prosterner devant les autels dressés clandestinement dans les grottes, dans des chambres ou des galetas, suivre des ministres entêtés, dont la conduite inconsidérée peut porter le dernier coup à la religion de l'Eglise catholique, apostolique et romaine !

Vous les verrez un jour, ces prêtres fanatiques, pleurer sur leurs erreurs et les mauvaises impressions qu'ils sèment aujourd'hui. Vous les verrez se repentir trop tard d'avoir si peu aimé leur patrie pour la remplir de trouble et de désolation. Les torches infernales, qu'ils allument et secouent partout, s'éteindront dans leurs mains criminelles et cette conscience, qu'ils invoquent sans cesse, n'élèvera plus ses cris que pour leur reprocher leurs crimes.

Oh ! vous avez eu la faiblesse de vous laisser séduire, reconnaissez votre lâcheté, revenez au milieu de vos citoyens, ramenez vos femmes et vos enfants dans nos temples ; ils sont ceux de la patrie comme de la Divinité. Joignez-vous à nous pour bénir l'Eternel et soutenir la Constitution française. Venez parmi vos vrais amis, ils ne vous prêchent d'autre morale que celle du civisme, celle de l'union et de la paix, celle de l'amour et de la patrie. Venez écouter celle de vos nouveaux pasteurs, ils ne vous prêchent ni l'insubordination, ni le désordre. La charité est la base de leur doctrine ; ils vous enseignent les mêmes principes de religion, les mêmes dogmes de la foi, la sainteté, l'efficacité des sacrements, en un mot, les principes du christianisme selon l'Evangile, dégagé de tous les raisonnements obscurs et captieux dans lesquels l'avarice et la vanité de leurs auteurs l'avaient arbitrairement enveloppé.

Les jours où l'on vous verra rentrer dans nos églises sera le triomphe de la religion et la défaite de nos ennemis communs. Leur dernière ressource sera détruite. N'oubliez pas cette maxime gravée dans le cœur de tous les hommes sages qu'on ne saurait être bon chrétien sans être bon citoyen.

J.-P. Dubois, président, J. Dubois, Chabanon, Teissèdre, tous trois secrétaires. » (1)

Voilà comment on traitait les prêtres et ce que l'on enseignait au peuple. Voilà le langage de la Révolution ! C'est par ces accusations, ces diatribes, ces calomnies, ces grossièretés et ces appels au meurtre que les révolutionnaires cherchaient à détacher les populations de leurs prêtres ; mais ce fut en vain, elles restèrent fidèles. L'adresse elle-même en est une preuve.

Voici une autre page de l'histoire de la persécution religieuse, en 1791, écrite par les révolutionnaires eux-mêmes ; elle est très éloquente : C'est le *Rapport sur le maintien de la tranquillité publique*, lu en pleine assemblée départementale en décembre 1791, par Jean-Baptiste Coffinhal, procureur-général-syndic du Directoire du Cantal. Nous le donnons intégralement :

(1) Recueil Tournemine.

« Les citoyens de ce département ne partagèrent pas, lors de la destruction du pouvoir absolu, les troubles et les alarmes du surplus du Royaume ; ils surent se préserver des crimes qui souillèrent même les contrées les plus fertiles, et où les mœurs semblaient être les plus douces. Soumis aux lois, ils ne méconnurent pas les bornes de la liberté que les Français venaient de conquérir ; les autorités furent respectées, les propriétés conservées et la tranquillité maintenue.

Les ennemis du bien public ne purent répandre cet esprit de discorde et de sédition qui désola les autres départements ; et s'ils formèrent de coupables projets, ils crurent ne pouvoir les exécuter que dans les autres parties de l'Empire.

Mais dès qu'ils virent des ministres du culte refuser de se soumettre aux nouvelles lois, (1) ils conçurent le criminel espoir de soulever les habitants et se coalisèrent avec ces ministres.

Des écrits séditieux furent répandus avec profusion ; plusieurs parurent même sous le nom du sieur Ruffo, que ses précédentes fonctions

(1) Autre mensonge odieux. Les prêtres catholiques ne refusaient pas d'obéir *aux nouvelles lois*. Ils refusaient d'obéir à une seule loi, la loi dite : *la Constitution civile du clergé* parcequ'elle détruisait l'Église et la religion en France.

avaient rendu respectable, et qui ne pouvait plus les continuer sans crime ; de prétendues lettres pastorales furent envoyées dans toutes les paroisses ; dans plusieurs, elles furent lues et commentées au prône ; les maximes les plus pernicieuses y étaient annoncées comme vérités fondamentales de notre sainte religion, et l'on y transformait en articles de foi, des principes destructeurs de toute société.

Des prêtres fanatiques prêchèrent qu'une loi, qui doit épurer le culte, anéantit la religion ; que des pasteurs qui avaient obtenu la confiance publique, qui étaient appelés par le suffrage des citoyens, n'avaient ni mission ni pouvoir ; que le refus de prestation de serment de la part des fonctionnaires publics ne pouvait être considéré comme démission ; qu'eux seuls étaient toujours légitimes pasteurs ; et ils osèrent qualifier de vertu la désobéissance aux lois, et la rebellion contre l'autorité légitime.

Pour mieux exciter à la sédition et à la révolte, ces prêtres projetèrent d'élever autel contre autel et de se servir de certaines églises ou chapelles nationales dans lesquelles aucun fonctionnaire public n'était établi.

Des manœuvres aussi perfides pouvaient produire des malheurs infinis : pour les prévenir, le

Directoire fit imprimer et distribuer les ouvrages qu'il crut les plus propres à instruire les citoyens. Il prit aussi, le 21 avril dernier, un arrêté pour faire fermer les églises et chapelles superflues.

Mais le fanatisme est séditieux ; les chapelles domestiques, les maisons, les chambres, les greniers, les caves, les lieux les plus abjects, ont été substitués à ces églises et chapelles. Partout ces prêtres pervers ont célébré les divins mystères ; partout ils ont offert le saint sacrifice de la messe, partout enfin ils ont exercé des fonctions que les lois leur prohibent. Les citoyens, les femmes ont été exhortés à se confesser à eux, en tous les lieux, dans les chambres, dans les bois, derrière les buissons, et ils n'ont cessé d'exciter à la sédition et à la révolte.

Le Directoire me chargea de dénoncer certains de ces fanatiques ; il y eut des informations, et la procédure fut ensevelie dans la poussière du greffe.

Le fanatisme faisait cependant des progrès rapides, et l'esprit de sédition commençait à se répandre dans ce département. Les églises étaient désertes, les familles se divisaient, les frères se séparaient des frères, les femmes quittaient leurs maris, les fils abandonnaient leurs pères, les nouveaux pasteurs insultés et maltraités ne pouvaient exercer leurs fonctions ; et des citoyens armés contre des citoyens s'opposèrent à force ouverte et livrèrent une espèce de combat pour empêcher leurs nouveaux curés d'approcher de l'église.

Plusieurs municipalités parurent négliger leur devoir ; quelques officiers municipaux semblèrent conniver avec les fanatiques ; séduits, égarés par eux, ils refusèrent de recevoir le serment des nouveaux curés, d'apaiser les désordres, de rétablir la tranquillité publique et d'obéir aux mandats des corps administratifs.

Le Directoire du département chercha à stimuler l'indolence des uns par des invitations fraternelles, à punir, à réprimer la prévarication des autres.

La suspension de leurs fonctions ne pouvait les faire entrer et contenir dans leur devoir ; ce moyen n'était pas praticable ; ils étaient prêts à donner leur démission, et ne considéraient leurs places que comme des obstacles à leurs desseins. Souvent même on n'aurait pu les remplacer que par des personnes plus mal intentionnées. Le Directoire se borna à les mander, à leur représenter leurs obligations, à leur faire connaître combien ils manquaient à ce qu'ils devaient à la confiance publique, à leur qualité de citoyens et au serment qu'ils avaient prêté, et lorsqu'ils ont refusé de se rendre, il les y a fait contraindre par la force publique.

Il fallut même employer cette force pour dissiper les troubles, prévenir la sédition et la révolte. Le Directoire ne connut pas d'autre moyen pour arrêter les factieux. Les Gardes Nationales furent commandées, elles se portèrent avec zèle et courage sur tous les lieux qu'on leur indiqua, elles continrent les séditieux, et peut-être leur doit-on la conservation des meilleurs citoyens.

Mais la plupart des Gardes Nationaux étaient sans ressource, sans moyens de subsistance, ils perdaient un temps précieux pour le travail et faisaient des dépenses au-dessus de leurs facultés ; il a fallu les dédommager, et il en est résulté des frais considérables à la charge du département, dont l'état sera rapporté ci-après.

Le Directoire du département crut aussi devoir demander des troupes de ligne, le ministre accorda un détachement du septième bataillon, appelé ci-devant chasseurs d'Auvergne. Les besoins de l'Etat ont forcé le ministre à le retirer, et ce régiment a été envoyé aux frontières.

La conduite des ennemis du bien public aigrit

et irrita les citoyens zélés pour le maintien de la Constitution : ceux-ci se portèrent à des excès qui pouvaient avoir des suites funestes, et qui faisaient craindre les plus grands malheurs.

Dans plusieurs paroisses on éleva des potences ou prétendus mais, pour intimider, disait-on, les aristocrates.

Dès que ces excès commencèrent à se manifester, le Directoire écrivit aux officiers municipaux des communes qui s'y étaient livrées; il les exhorta à maintenir la tranquillité publique, à veiller à la sûreté des citoyens, et à détruire tous les ouvrages qui pourraient y porter la moindre atteinte.

Ces lettres ne produisirent aucun effet; les mêmes excès se propagèrent dans différentes communautés, et le Directoire fut forcé de prendre, le 7 juin dernier, un arrêté pour enjoindre aux officiers municipaux de faire détruire ces ouvrages, et de maintenir la tranquillité publique sous les peines de la responsabitité, prononcées contre eux par la loi.

Cet arrêté fut exécuté dans différentes communautés, dans d'autres les officiers municipaux furent sans force et sans pouvoir. Le Directoire se vit contraint d'y envoyer des

Gardes Nationales et des troupes de ligne pour le faire exécuter.

Ces potences ou prétendus mais étaient ornés de parchemins, de cribles et de mesures ; ces attributs faisaient appréhender que les citoyens ne voulussent attenter à la propriété, et ne refusassent de payer les cens et rentes qu'ils peuvent devoir ; mais le Directoire a reconnu avec satisfaction qu'ils ne prétendaient élever des contestations que sur les quotités exprimées dans les derniers titres et reconnaissances, et qu'ils soutenaient seulement ces quotités excessives, et bien au-dessus de celles exprimées dans les anciens et premiers titres.

Je viens, Messieurs, de vous raconter quels ont été les troubles apportés dans ce département à la tranquillité publique, les causes qui les ont produits, les moyens dont on s'est servi pour les susciter, et ceux que le Directoire a employés pour les apaiser. Ces troubles ont paru se calmer pendant le séjour des troupes de ligne ; depuis la publication de la Constitution ils semblent se ranimer. Les ennemis du bien public redoublent de force et d'activité ; ils cherchent à persuader une contre-révolution, le rétablissement du gouvernement arbitraire et de tous les abus que l'Assemblée Nationale Constituante a eu tant de peine à détruire.

Les uns s'émigrent dans ce fol espoir, et courent grossir le nombre des mécontents d'Outre-Rhin ; les autres, sous le spécieux prétexte de la religion, séduisent, égarent les citoyens et les soulèvent contre l'autorité légitime. La sédition se renouvelle dans plusieurs paroisses ; les nouveaux curés sont insultés et maltraités ; ils ne peuvent pas se faire installer. Le Directoire a fait dénoncer plusieurs des séditieux. Il a enjoint à quelques curés démissionnaires de se retirer des paroisses dont ils troublaient le repos. C'est à vous, Messieurs, à aviser aux moyens de rétablir la tranquillité publique à indiquer au Directoire la conduite qu'il doit tenir dans ces circonstances. » (1)

Ce rapport constate clairement : 1° que les populations du Cantal ne se soulevèrent que lorsque le gouvernement voulut leur enlever leurs prêtres et les forcer à accepter une religion nouvelle ; 2° que les bons prêtres que Coffinhal appelle *fanatiques, pervers, séditieux, ennemis de la Constitution*, montrèrent un grand courage

(1) Procès-verbal des séances de l'Assemblée départementale de 1791, page 13.

dans l'accomplissement de leurs devoirs, dans l'administration des sacrements aux fidèles en cachette; 3° que beaucoup de municipalités prirent parti pour les catholiques contre les schismatiques; 4° que les administrations civiles, pour imposer au pays la religion constitutionnelle, employèrent la force brutale, les gendarmeries, les gardes nationales, même les troupes de ligne.

Ce rapport est donc au fond un éloge éloquent des prêtres et des populations catholiques.

CHAPITRE III

TROUBLES RELIGIEUX DANS LE PUY-DE-DOME : A SAULZET-LE-FROID, SAINT-GEORGES, VOLLORE, AMBERT, VALBELEIX, BRIOUDE, VIC-LE-COMTE, SAINT-SANDOUX, LA SAUVETAT, ETC.

A ce que nous venons de dire, dans les chapitres précédents, sur la guerre faite aux catholiques en Auvergne ajoutons des détails et des faits. Commençons par le récit des incidents de la lutte qui eurent lieu en Basse-Auvergne ou Puy-de-Dôme.

« Le clergé d'Auvergne, dit Boudet, ne se met pas en avant, mais on ne peut pas lui demander de baiser la main qui persécute l'Eglise toute entière ; ses prédications sont écoutées avidement dans les granges des hameaux par les populations irritées. Les curés intrus étaient l'objet du mépris... Il n'y eut pas de place dans notre province pour la religion nouvelle. Les pièces, les procès-verbaux du temps sont pleins d'actes d'hostilité dirigés contre les prêtres jureurs ; leurs églises étaient délaissées ; eux-mêmes honnis, conspués.

Le curé de Saulzet-le-Froid (l'intrus) demande son rappel ; celui de Saint-Sandoux reconnaît que tout le monde est contre lui, même la municipalité ; à Saint-Georges-de-Mons, une troupe de gens des villages se groupent en armes autour de M. Périgau et de Rocheneuve pour protéger leur ancien curé qui s'est réfugié chez Madame de Forget, au château de Gourdon. Peu de communes du district d'Ambert furent exemptes de troubles ; l'autorité départementale dut employer la troupe dans les communes de Brousse, Montboissier, la Chapelle-Agnon, Job, Vic-le-Comte, Saint-Julien-de-Cappel, Saint-Gervais. A Romagnat, l'insurrection, motivée sur la violence faite au culte, fut sérieuse ; à Issoire, à Thiers, à Riom, il y eut aussi du tumulte... » (1)

Voici ce qu'écrivait, dans un journal, sur la manière dont étaient traités les intrus dans les paroisses du Puy-de-Dôme, un révolutionnaire bien connu, le citoyen Gauthier Biauzat, député de Clermont :

« Presque toutes les communes d'Auvergne ont été le théâtre de grandes fermentations... A Sauxillanges, plusieurs coups de feu sur l'officier en écharpe ; à Artonne un étui monstre, plein de

(1) *Les Tribunaux criminels*, page 167.

gros poux semés dans la chaire à prêcher, dix minutes avant la prédication, et une poule crevée attachée pendant la nuit à la porte du prédicateur ; à Saint-Germain, un lieutenant patriote arrêté et percé de coups ; à Thuret une trappe remplie d'immondices où le pasteur en se promenant entra jusqu'aux genoux ; à Plauzat, une insurrection violente contre les acquéreurs des biens nationaux ; à Beaumont, massacre de quelques patriotes ; à la Sauvetat, ministre des autels arraché de son église par les cheveux ; à Champeix, une nouvelle Théot qui a soulevé le peuple contre un citoyen paisible ; à Neschers, l'arbre de la liberté gisant à terre ; à Clermont, une horde de fanatiques qui bousculent et sabrent les républicains ; à Riom, ces mêmes hommes envahissent la ville et sont maîtres de tout ; à à Saint-Sandoux on veut pendre le curé; à Saint-Georges-de-Mons, on veut l'empaler... » (1)

Dans la séance de l'Assemblée Législative du 7 octobre 1791, Couthon, député de Clermont, s'écriait :

« Nous sommes envoyés ici pour amener le calme et nous ne pourrons jamais y parvenir si nous ne prenons des mesures vigoureuses contre

(1) Cité par Morin, dans l'*Auvergne chrétienne*, page 360,

les prêtres réfractaires. Il y a dans la campagne des curés qui restent dans leurs paroisses, quoiqu'ils soient remplacés et font du mal par leur seule présence. Cela est très sérieux. Il y a des endroits où les prêtres constitutionnels ont été poursuivis à coups de bâton pendant le jour et à coups de fusil pendant la nuit. Les prêtres réfractaires continuent leurs fonctions ; ils disent la messe, confessent, font l'eau bénite dans leurs maisons. Il est impossible d'acquérir des preuves contre eux ; ils n'ont pour témoins que leurs partisans. Je vais vous citer un fait dont je suis certain :

Un prêtre constitutionnel est entré dans l'endroit où un prêtre réfractaire disait la messe. Le réfractaire s'est deshabillé au millieu de la messe et s'est enfui en criant : *Cette église est polluée !* J'insiste pour que nous méditions rérieusement sur les mesures qu'exigent les circonstances. » (1)

Plus tard le même Couthon écrivait, le 31 mars 1792, de Paris à Clermont : « Messieurs et chers concitoyens, j'apprends avec bien de la peine que la paix a été troublée dans quelques endroits de notre département ; que de reproches ont à se faire les hypocrites de toutes les espèces qui,

(1) *Moniteur* t. 10, p. 56.

sous le masque de religion, disposent le peuple de bonne foi à des excès d'indignation ou d'erreur... » (1)

« Il existait en 1789, à Vollore, une congrégation de prêtres communalistes qui jouissaient dans le pays de la sympathie générale. Il y avait aussi, à douze kilomètres environ de Vollore, sur les limite de l'Auvergne et du Forez, un couvent appelé l'Hermitage qui servait de maison de retraite à un certain nombre de missionnaires du diocèse. Missionnaires et communalistes avaient refusé le serment exigé par les lois nouvelles et cependant étaient restés dans le pays.

Ils avaient été rejoints, depuis la fermeture des couvents, par un certain nombre de religieux originaires du District. Tous ces prêtres exerçaient leurs fonctions ecclésiastiques en parfaite sécurité et avec l'assentiment à peu près unanime des habitants. Aussi les prêtres assermentés étaient-ils généralement honnis et méprisés. On évitait d'assister aux offices célébrés par eux ; on refusait de leur porter les enfants nouveaux-nés, on ne leur faisait bénir aucun mariage. De plus, on les insultait et on les mal-

(1) *Correspondance de Couthon.* p. 110.

traitait. Ainsi, le 16 décembre 1792, le curé constitutionnel de Vollore-Montagne ne put arriver à se faire installer; on l'empêcha d'entrer dans l'église et il fut suivi à coups de pierres.

A Vollore-Ville, l'arbre de la liberté fut coupé, le bonnet phrygien, dont il était décoré, fut lacéré et brûlé, et on cribla de coups de fusil la porte de la maison où habitait le curé constitutionnel.

L'administration du District pour prévenir le retour de pareilles scènes, ordonna par un arrêté du 5 janvier 1793, l'expulsion de quatorze prêtres insermentés dont la présence lui avait été signalée. » (1)

A Ambert, « les intrus qui desservaient la paroisse ne pouvaient jouir d'aucune considération auprès d'un peuple épouvanté et profondément chrétien. Aussi la foi se tenait captive et silencieuse dans les consciences et le temple était presque désert. » (2)

A Valbeleix, dans le même département, « la présence de l'intrus Bernard ne provoqua guère que le mépris. Chansonné et raillé partout, Bernard demeura sans influence. On raconte

(1) *Le Puy-de-Dôme en 1793*, pag. 20.

(2) *Histoire d'Ambert*, pag. 93.

encore des traits de sa ridicule jactance et plus d'un couplet satirique à son endroit se redit même aujourd'hui. » (1)

A Brioude, les catholiques poursuivaient de leur mépris les jureurs et ceux-ci, furieux, les dénonçaient à l'Assemblée nationale, se plaignant qu'elle n'avait pas assez de rigueurs contre les catholiques. Ils écrivaient à Toidel, président du Comité des recherches : « Vous aboyez, vous jappez toujours contre l'Eglise et vous ne mordez jamais. »

Ils ajoutent qu'il faut agir avec une plus grande rigueur contre ceux qui les traitent de schismatiques et d'apostats.

« Il faut, disent-ils, un décret nouveau ou pour nous décharger de nos serments ou pour assermenter ceux qui l'ont refusé, sans cela, le mépris qu'on nous témoigne nous ferait quitter l'Eglise constitutionnelle. » (2)

A Vic-le-Comte, Guillaume Thourein, curé de la paroisse ayant refusé le serment, est remplacé par l'assermenté Duniat.

« L'abbé Montaigne, l'abbé Arnaud et le chanoine Fouilloux, prêtres non conformistes (qui

(1) *Histoire de M. Valeix,* curé de Valbeleix, pag. 12.

(2) Sciout, tom II, pag. 361

n'avaient pas prêté le serment) entrent alors en scène ; à leur instigation, filles et femmes refusent de se confesser au curé constitutionnel ; celles qui sont soupçonnées de le faire reçoivent le surnom de *Mirabaudes*. Tantôt les servantes de l'ancien curé insultent l'abbé Duniat et propagent le bruit que les sacrements n'ont pas de valeur lorsqu'ils sont administrés par les constitutionnels, tantôt les dévotes renversent l'eau bénite et refusent de faire baptiser leurs enfants par l'intrus. Il résulte des procès-verbaux et des arrêts du tribunal que nombre d'enfants ne reçoivent pas le baptême. En cachette et de grand matin, les femmes viennent faire leurs relevailles devant les prêtres non conformistes.

La dissension s'établit dans les ménages. Bien des épouses ne croient pas à la validité de leur mariage.

Malgré la surveillance des gardes nationales et des soldats du 21e de ligne, il se produit des émeutes, organisées par certains prêtres.

Jean Maret, dit Laigara, enlève l'image de la Vierge placée dans une chapelle derrière le maître-autel pour ne point la voir souillée par la présence des mauvais prêtres. Les cinquante hommes du 21e de ligne sont remplacés par des soldats du 67e ; ces derniers ne réussissent qu'avec peine à rétablir l'ordre... Le curé Thourien meurt le 27 février 1792. Ses funérailles sont le sujet de troubles qui menacent de devenir très sérieux. Les autorités municipales interviennent pour exhumer le corps et montrer au peuple que le cercueil ne renferme pas un chien comme il se l'imagine. Elles somment d'ailleurs l'autorité ecclésiastique de procéder régulièrement à de nouvelles funérailles et d'enterrer le mort dans le cimetière de la paroisse avec les cérémonies ordinaires. » (1)

A Saint-Sandoux, non loin de Vic-le-Comte, même répulsion pour le curé constitutionnel. En 1789, Léger de la Rochette était curé de la paroisse, Martin Roucheix, vicaire, tous les deux confesseurs de la foi, ainsi qu'un prêtre communaliste, Didier Gauthier, qui persistant à refuser le serment et à exercer le culte catholique à Saint-Sandoux, fut arrêté et transporté à Bordeaux où il mourut à l'hôpital Saint-André, en 1794, à l'âge de 53 ans.

Ces trois prêtres tinrent tête au schisme avec une fermeté admirable, mais ils durent enfin céder à la force et se retirer devant la violence de la persécution.

(1) *Histoire de la comté d'Auvergne*, p. 349.

L'intrus fut installé le 12 juin 1791. Voici le procès-verbal de cette cérémonie :

« Aujourd'hui dimanche, à 10 heures du matin, devant la municipalité, est comparu M. Pierre Verdier, muni de sa nomination à la cure de ce lieu dudit Saint-Sandoux, faite par Messieurs de l'assemblée électorale du District, le 24 mai dernier ; du visa de M. Périer, évêque du diocèse de Clermont du 4 courant ; nous ayant remis les dites pièces, l'avons conduit avec la garde nationale commandée par Claude Tourre, fils à Pierre, capitaine, l'avons introduit dans l'église, où étant, avons fait lecture à haute et intelligible voix de la dite nomination et visa en présence de la garde et des fidèles ; à l'instant le dit sieur Verdier, étant monté en chaire, a prêté en nos mains le serment civique par lequel il a juré de veiller avec soin sur les fidèles qui lui sont confiés, d'être fidèle à la nation, à la loi et au roi et de maintenir de tout son pouvoir la Constitution décrétée par l'Assemblée nationale et acceptée par le roi ; en conséquence, avons proclamé le dit sieur Verdier curé de notre paroisse et l'en mettons en possession, ainsi que de tous droits y attachés ; enjoignons à tous en général et à chacun en particulier de le reconnaître pour tel. De suite le dit sieur Verdier est entré avec nous dans la sacristie, s'est revêtu des habits sacerdotaux et de l'étole, et, conduit par le sieur Pierre Ferdinand Goignet, prêtre, ci-devant carme, a célébré la grand'messe de paroisse chantée par le dit Goignet, en présence de la garde nationale et d'un grand nombre de fidèles. »

C'est ainsi qu'étaient installés tous les curés constitutionnels ; l'Eglise n'y prenait point part et seule l'autorité civile s'attribuait cette fonction usurpée.

Les paroissiens de Saint-Sandoux, à part une faible minorité, ne voulurent jamais entrer en communion avec l'intrus et continuèrent, tant qu'ils eurent le bonheur de les posséder, à demander les sacrements à leurs légitimes pasteurs et à leur témoigner leur sincère dévouement.

Le malheureux intrus se voyant abandonné osa, dans sa déconvenue, s'en prendre aux prêtres catholiques et ne craignit pas de pousser la municipalité à des mesures tracassières contre eux, surtout contre le vénérable abbé Gauthier qui s'obstinait à rester dans la paroisse.

Pour forcer les fidèles à entendre la messe du schismatique, le maire ordonna la fermeture des auberges pendant les offices, mais rien n'y fit et le vide s'étant fait à peu près absolu autour de l'intrus, celui-ci s'en alla chercher un domicile à Clermont. » (1)

A la Sauvetat mêmes désordres :

« Comme partout, à cette triste époque, on vit surgir, dans cette paroisse, quelques hommes qui en furent les fléaux et dont le sinistre souvenir est encore vivant de nos jours. Lacquit, dit le *Grenadier*, le Vert et Paulet, d'Autheyat, se signalèrent parmi les plus fougueux et les plus cyniques. Au commencement de l'année 1791, ils avaient reçu avec joie un prêtre assermenté, l'abbé Victor Duclos, originaire d'Emezat, et tentèrent vainement d'imposer à la population ce ministre égaré. Mais leurs violences et leurs vexations ne firent qu'augmenter l'amour et l'attachement des fidèles pour la religion de leurs pères et pour le légitime pasteur, l'abbé Bletterie, curé depuis 1783. Ne parvenant à éloigner ce dernier ni par les menaces, ni par la calomnie, ils l'arrêtèrent plusieurs fois et toujours ils le remettaient en liberté. Cependant l'exaspération allait croissant contre le schismatique Duclos. Un jour même les femmes de la

(1) *Notice sur Saint-Sandoux pendant la Révolution* par M. Chaix de la Varenne, curé de la cathédrale de Clermont. *Semaine religieuse*, 1882. Guillon, art. Gauthier.

Sauvetat faillirent le lapider et le laissèrent pour mort. Plus tard on lui fait remplir les fonctions de conseiller municipal et d'officier public, depuis 1793 jusqu'en novembre 1796, époque où il quitta cette paroisse. » (2)

(1) *Histoire de la Sauvetat*, page 91.

CHAPITRE IV.

TROUBLES RELIGIEUX DANS LE PUY-DE-DÔME (SUITE). — ANGOISSES ET GÉMISSEMENTS DES INTRUS. — TROUBLES A TRÉMOUILLE-SAINT-LOUP, A SAINT-BONNET-LÈS-ARRIVAL, A CHATEAU-SUR-CHER, A MEZEL.

Sur la lutte entre les catholiques et les schismatiques, voici ce que dit Marc de Vissac dans l'*Auvergne historique* :

« Quant à ceux qui acceptaient les fonctions presbytérales, ils n'avaient pas prévu tous les déboires qui les attendaient. Accueillis dans leurs paroisses comme des parias, déconsidérés, ne trouvant de soutien que dans la lie du peuple, mal payés par la Nation, privés de tout casuel, leur situation était des plus précaires. L'influence restait tout entière aux anciens pasteurs que les lois de déportation n'avaient pas encore disséminés dans les prisons de l'intérieur ou sur les pontons du littoral.

Durant toute l'année 1791, des conflits incessants, à propos de l'exercice du culte, avaient bouleversé les communes. Les rixes s'étaient multipliées à l'infini.

On avait vu se produire, à Saint-Cirgues, près d'Issoire, et dans la région avoisinante, de véritables scènes d'émeute et de pillage. Il en avait été de même à Saint-Gervais, où le prêtre jureur fut mis en quarantaine à l'instigation des communalistes réfractaires. A Montaigut, à Vic-le-Comte, à Dallet, à Saint-Amant, à Billon, les prêtres de la Nation avaient été hués, bafoués, pourchassés et battus ; plusieurs n'avaient pu parvenir à se faire installer. A Laqueuille, l'autel de la patrie avait été renversé. A Job et au Brugeron, les parents auraient cru profaner leurs morts en les faisant enterrer par un prêtre relaps.

Leurs prônes étaient désertés ; on refusait de leurs mains l'eau baptismale, la bénédiction nuptiale, l'absolution, même au lit de mort. Le peuple des campagnes avait haussé les épaules à la lecture de l'arrêté du département interdisant aux fidèles la communion avec d'autres hosties que celles consacrées par les prêtres reconnus ; il lui eût semblé profaner l'Eucharistie que de la recevoir dans de pareilles conditions. Il considérait d'ailleurs comme d'horribles sacrilèges les cérémonies religieuses accomplies par les ecclésiastiques intrus; son imagination se reportait aux légendes de la messe *noire* célébrée au moyen-âge sur le Puy-de-Dôme, dans la chapelle de Saint-Barnabé, et, en souvenir de ces anciens mystères, elle affublait les officiants relaps de la pittoresque appellation de *baise-culs de chèvres.*

Les plaintes et les gémissements arrivaient nombreux et désolés aux Directoires de la part des desservants déconcertés.

« Ma position est insoutenable, écrivait le curé de Saint-Sandoux; je n'ai pas une cinquantaine de fidèles et la municipalité m'est hostile. »

« En ce moment, ma paroisse est toute soulevée contre moi, geignait le curé de Chaumont, district d'Ambert, je suis exposé au plus grand danger de la vie. »

Ecoutez l'amère lamentation du curé de Saulzet-le-Froid; « Je suis ici depuis le 11 juin dernier pour mon malheur. Je dis pour mon malheur, car depuis cette époque, chaque heure, chaque minute ont été marquées par de nouvelles disgrâces. Un prêtre, un homme de paix, le ci-devant curé, est devenu l'ennemi de mon repos, d'autant plus redoutable que les traits qu'il me lance sont forgés dans l'ombre des conciliabules. Le dirai-je, Messieurs, le tribunal de la confession, la table sacrée, l'auditoire de la chaire sont toujours déserts... Je n'ai le plus souvent que le clerc qui sert ma messe ; je ne peux même célébrer le saint sacrifice, faute de clerc. »

Et le curé de Novacelles, absolument désenchanté, concluait de son côté : « Il manquait un triomphe aux ennemis de la Constitution, ils vont l'obtenir : celui de voir déserter de leur poste la plupart des curés constitutionnels, qui ne sont plus que les malheureuses victimes de leur soumission à la loi. »

Mêmes découragements, mêmes doléances à Saint-Georges-de-Mons et dans maintes autres paroisses. Les archives de la préfecture sont pleines de ces monuments de déception et de regrets.

Ce qui compliquait encore la situation, c'est que les municipalités faisaient parvenir à l'administration pétitions sur pétitions pour obtenir de garder leurs anciens pasteurs ou de les rappeler. Les habitants de Mazoires, de Ravel, de Larodde, de Sauvessanges, de soixante-dix communes, réclamaient, postulaient, menaçaient presque. L'autorité ne savait à qui entendre. Elle dut interdire tout pétitionnement de ce genre à peine de destitution, de suspension ou d'incivisme.

Mais les inhibitions, mais les mesures de rigueur restaient impuissantes à endiguer le torrent et à comprimer la résistance.

De telle sorte que lorsque les troubles religieux, longtemps soumis à la seule répression administrative, furent déférés au Tribunal criminel, ce tribunal se trouva exposé à entrer en opposition ou avec la loi ou avec le peuple. Or, comme le sentiment populaire se trouvait d'accord avec les traditions nationales, avec les vieilles impressions de conscience que l'on ne secoue qu'à la longue, ce ne fut pas la loi rigoureuse qui guida ses décisions. »

« Dans presque toutes les paroisses de l'Auvergne, dit encore Marc de Vissac, la venue du curé constitutionnel fut accueillie comme l'aurait été celle de l'Antechrist. Aux yeux du paysan, outré de l'expulsion de ses anciens pasteurs, les *prêtres de la nation* n'étaient que des « coquins, des pierrots et des charlatans envoyés dans les campagnes pour la damnation des âmes ».

C'est ainsi que les habitants de Trémouille-Saint-Loup, de Gros et de Larodde, dans le district de Besse, s'exprimaient sur le compte des sieurs Baudonnat et Chambonnet, oncle et neveu, nommés par l'évêque Périer à l'administration de leurs paroisses, en remplacement des abbés Mauriac et Mosnier.

Or, le 26 janvier 1792, Guillaume Baudonnat, prêtre assermenté, arriva dans les environs de Trémouille-Saint-Loup, chez les époux Sepchat, au lieu de Maisonneuve, en compagnie du curé Chambonnet, titulaire de la cure de Gros, qui devait l'installer le dimanche suivant dans son nouveau poste.

Le soir, après dîner, les deux prêtres, assis au coin du feu, devisaient tranquillement avec le maire de Trémouille, le sieur Pierre Force, de la prise de possession du presbytère, lorsque deux coups de feu retentirent, Les balles, tirées d'une petite ouverture donnant sur la cuisine, étaient allées s'inscruster dans la muraille. Peu après, neuf autres coups de fusil furent encore tirés, et une grêle de cailloux s'abattit sur les portes et sur les fenêtres de l'habitation.

Cette agression avait été évidemment plutôt un acte d'intimidation qu'un attentat homicide contre les personnes.

Malgré cette démonstration hostile, rien ne fut changé aux détails de l'installation. Et le dimanche 29, le maire, M. Chabory, procureur de la commune, et le sieur Boyer, greffier de la municipalité, vinrent prendre le curé pour le conduire à l'église paroissiale. Ils passèrent à travers une population ameutée, proférant contre eux des menaces et des injures : « Va-t-en, J... F... de curé, au diable d'où tu es venu ! Qu'on les assomme à coups d'estelles (de bûches) ! Qu'on les aveugle avec des cendres ! » Et les pierres de voler. Le curé de Gros en reçoit une à la hanche, une autre à l'épaule, une troisième abat son chapeau. Les femmes et les filles, au nombre d'environ cinquante, outragent le cortège. Au milieu d'elles se distinguent les domestiques de M. de la Salle et de M. Léoty, de Leyval.

Le maire veut faire sonner les cloches pour l'office. Impossible, les cordes ont été coupées.

La foule pénètre dans l'église, et le curé Chambonnet, de Gros, monte en chaire pour faire le prône. A chaque mot on l'interrompt ; on le traite d'intrus, de gredin, de renégat ; les femmes lui font des grimaces. Il est obligé de descendre les degrés de la chaire au milieu d'un inexprimable tumulte.

A l'issue de la messe, les curés se réfugient en toute hâte à la maison curiale, et ils font fermer toutes les ouvertures pour échapper aux projectiles dont on les assiège.

L'instruction criminelle ouverte par M. Antoine Brassier, juge de paix de Latour, et continuée par Guillaume Godivel, directeur du jury de Besse, amena l'arrestation de sept femmes et de quatre hommes, des communes de Gros et de Trémouille. Mais cinq prévenus furent bientôt relâchés.

Le 3 mars 1792, le jury d'accusation en renvoya quatre autres. C'étaient les nommés Mathieu, cadet, dit *Mosnier*, François Planeix, Françoise Chabory, dite *Miniarde*, et Pierre Julliard. Dès lors, Pierre Tanvier et Antoinette Juillard comparurent seuls devant le tribunal criminel.

Le jury de jugement acheva pour ainsi dire l'œuvre d'absolution. Car, s'il retint pour constants les faits de violence reprochés aux deux inculpés, il déclara que ces violences avaient été commises contre des agents n'étant pas dans l'exercice de leurs fonctions.

En conséquence, le tribunal n'eut qu'à appliquer une peine correctionnelle et condamna, par son jugement du 15 avril 1792, les deux accusés à la peine modique de trois mois de prison et trois livres d'amende.

Siégeaient : Prévost, président ; Dupuy, Tournadre et Andraud, juges. »

Le citoyen Bonnet, appelé à la cure constitutionnelle de Saint-Bonnet-lès-Orcival, n'avait eu aucun agrément dans sa nouvelle résidence. Cinq à six particuliers seulement assistaient à ses offices, tandis que les messes de l'abbé Chirent, ancien desservant de la paroisse pendant trente-huit ans, et celles de l'abbé Ladevie, ancien vicaire, réunissaient tous les fidèles. Les mères refusaient de lui faire baptiser leurs enfants; les maris grondaient. Or, dans les catholiques montagnes du Puy-de-Dôme, le paysan avait la tête chaude, et les curés constitutionnels de Gros et de Trémouille Saint-Loup venaient d'en faire l'expérience. L'autorité municipale se montrait absolument hostile à l'égard du nouveau venu et ne lui ménageait aucune tracasserie. Abreuvé d'avanies et criblé de dettes, il perdit patience et dès le milieu de janvier 1792, il abandonna son poste et partit pour Clermont.

La municipalité n'attendait que cette retraite, qu'elle avait un peu provoquée, pour rendre le calme à la paroisse. La fête de saint Blaise et de saint Sébastien, patrons de Saint-Bonnet, la Purification, la Chandeleur approchaient. Au lieu d'avoir recours au citoyen Blanchot, curé constitutionnel de Vernines, elle requit ses anciens prêtres de reprendre les fonctions curiales et d'administrer les sacrements.

Les dimanches 22 et 29 janvier, les jeudi 2 et

dimanche 5 février, les cérémonies du culte furent donc célébrées en grande pompe par les abbés Chirent et Ladevie, qui baptisèrent dix enfants dans le même jour et conduisirent une imposante procession à travers les rues du village.

L'évènement avait fait du bruit, et les patriotes criaient à la trahison. L'abbé Ladevie, disaient-ils, avaient prié au prône pour Mgr de Bonal, évêque de Clermont, en ajoutant qu'il ne fallait pas prier pour les excommuniés ni pour ceux qui sont séparés de l'Eglise. Il avait aussi prié pour le Seigneur et les dames de la paroisse. On avait fait circuler dans le temple des vases d'eau bénite par les prêtres réfractaires, alors que le bénitier était plein de l'eau bénite par le curé Bonnet. La municipalité avait assisté à la messe dissidente en corps et en écharpe, était allée à l'offrande, et avait suivi la procession, un cierge à la main. Elle avait offert le pain consacré, en refusant aux partisans de la Constitution civile du clergé, qui avaient été injuriés et malmenés.

Plusieurs personnes furent arrêtées, entre autres le vicaire Ladevie; toutes furent acquittées.

« Le citoyen J.-B. Roussel, originaire de Salvert, nommé à l'âge de 27 ans — on avance vite en temps de guerre ! — curé constitutionnel de Château-sur-Cher, canton de Pionsat, comptait faire, le dimanche, 16 décembre 1792, une entrée triomphale dans sa paroisse.

Le corps municipal tout entier, ceint de son écharpe, la garde nationale en armes, devaient aller à sa rencontre jusqu'à un quart de lieue du village, l'escorter en grande pompe et procéder ensuite à son installation. Tel était le cérémonial, qui paraîtrait aujourd'hui excessif pour les saints pasteurs de nos campagnes, que la Convention prescrivait pour ses faux prêtres. Plus d'honneurs que d'honneur !

Le cortège se mit en marche à dix heures et demie du matin. Dans ses rangs figuraient, dans la haie des baïonnettes nationales, le maire Durand Peirat, Pierre Ducourthial, procureur de la commune, Jean Valanchon, Louis Brullet, Jean Larue, Etienne Vacquand, Jean Taton, officiers municipaux, Gervais Chardonnet, chirurgien à Pionsat, Annet Tomazon, curé constitutionnel de Saint-Hilaire.

A cette heure, l'ancien curé, Antoine Ternat, réfractaire au serment civique, achevait l'office religieux. Il avait donné la communion à de nombreux fidèles, et il consolait ses paroissiens, désolés de le perdre, en leur disant : « Je ne vous dis pas adieu ; je vous porterai toujours dans mon cœur ; rappelez-vous bien les préceptes que je vous ai enseignés. » A sa voix, le saint temple s'était vidé.

En revenant, le cortège officiel devait passer dans un chemin creux, puis près d'un amoncellement de gravier disposé au bord de la route, enfin sous les murs du cimetière.

Il débouchait du chemin creux, lorsque soudain des huées se firent entendre au-dessus de sa tête. Des cris éclatèrent : « Aux loups ! Aux enragés ! On nous amène le diable ! Arrêtez-le ! » Et tout à coup une grêle de pierres s'abattait sur le corps municipal, sur la milice et sur le prêtre triomphateur. En même temps un marguillier, Gilbert Chossemy, qui était monté au clocher, tintait un glas funèbre.

« Obéissance à la loi ! » hurlent les magistrats municipaux. Mais cette phrase sacramentelle, qui fixe la limite de la rébellion, ne produit aucun effet. La procession arrive près de l'amoncellement de pierres qui se change en un inépuisable arsenal de projectiles. Un garde national est sérieusement atteint.

Devant le cimetière, même accueil. Mais là les femmes sont au nombre de plus de deux cents, qui insultent à qui mieux mieux le citoyen

Roussel et ses acolytes : « Charogne ! si nous ne t'avons pas de jour, lui promettent-elles, nous t'aurons bien de nuit. »

Sur le seuil de l'église, l'abbé Ternat était silencieusement agenouillé comme pour garantir le saint lieu de la profanation et du sacrilège.

Plusieurs personnes furent arrêtées et retenues huit mois dans les prisons de Riom. Après cette longue détention préventive tous les accusés furent acquittés et recouvrèrent leur liberté. excepté une jeune fille de 18 ans, Anne Chossemy, qui mourut dans son humide prison.

A Mezel, deux forcenés jacobins, Gavaix, maire, et Gras, procureur, terrorisaient le pays.

Le curé constitutionnel, un certain Chabry, est réduit aux abois ; personne ne veut de ses sacrements, on le fuit comme la peste, il est toujours seul, sous la nef romane de son temple, dont le confessionnal et les bancs ne sont hantés que par des araignées tissant leur toile. Gras et Gervais, qui entrevoient une autre source de bénéfices, se chargent de lui procurer des clients. Ordre est donné d'assister régulièrement à la messe, de se faire baptiser et au besoin enterrer par le prêtre civique. Dix grenadiers se transportent chez le sieur Claude Escot et le contraignent à porter son enfant aux fonts baptismaux.

S'il sourcille, sa maison sera pillée, puis livrée aux flammes. Chaque dimanche, une ronde est organisée. Les femmes et les filles sont traînées à l'église, les unes par les cheveux, les autres par les pieds. Marie Bouché, qui a 64 ans, est traînée ainsi jusqu'à ce qu'elle ait perdu connaissance. L'office achevé, elles sont menées à la geôle et taxées d'après leur fortune.

Une pauvre fille, Catherine Deppert, est surprise prêchant l'Evangile sous la halle. On l'enferme aussitôt sous clef dans une chambre de la maison curiale avec interdiction de lui fournir aucun aliment. Au bout de quelques jours la captive est atteinte d'une fièvre tierce ; on lui refuse un verre d'eau et même une botte de paille. Durant la nuit, à l'aide d'une échelle et d'une corde, ses parents parviennent à lui faire passer quelques secours ; mais il est trop tard, elle succombe. Ses bourreaux ricanent en apprenant ce tragique dénouement et se bornent à dire que ce n'est qu'une aristocrate de moins.

Jamais la prison n'avait été aussi encombrée, jamais la régie des amendes n'avait réalisé d'aussi belles recettes.

La femme de Pierre Terasse, déjà incarcérée deux fois pour avoir négligé ses devoirs religieux, trouve le moyen de faire tenir une plainte au département. L'administration centrale nomme un commissaire, le citoyen Saulzet, qui procède à une enquête et fait relâcher les personnes détenues sous différents prétextes de fanatisme. Mais à peine le commissaire est-il parti, que la femme Terasse, ainsi que ses codétenus, sont arrêtés à nouveau et placés cette fois au secret, au pain et à l'eau.

On comprendra sans peine qu'à ce régime la population, terrifiée se fût blottie dans ses tanières. Elle n'en sortait plus, courbait l'échine et faisait la morte. Toute résistance était tellement vaincue, que le citoyen Gras, lassé de cette soumission si absolue, abandonna son poste de procureur de la commune et se fit nommer juge de paix en remplacement de son ami Pépin. » (1)

Après la terreur Gavaix et Gras furent accusés devant le tribunal, mais ils s'esquivèrent et finalement ils furent acquittés.

(1) *Le tribunal criminel de Clermont*, pag. 234, dans l'*Auvergne historique*.

CHAPITRE V

TROUBLES RELIGIEUX DANS LE CANTAL EN 1791. — RÉPULSION GÉNÉRALE POUR LE CLERGÉ CONSTITUTIONNEL. MOUVEMENTS DANS LE DISTRICT DE MAURIAC : MAURIAC, CHAUSSENAC, ALLY, CHAMPAGNAC. — DANS LE DISTRICT DE SAINTFLOUR : JABRUN, MAURINES, TANAVELLE, ORADOUR.

Dans le Cantal comme dans le Puy-de-Dôme ; l'indignation contre les prêtres schismatiques était universelle ; on les méprisait, on les chansonnait, on leur jetait des pierres et des injures.

« Dans le Cantal, dit Boudet, l'hostilité au culte constitutionnel était plus violente encore.

Quand M. Thibault avait voulu faire sa tournée d'installation, on avait été obligé de le faire escorter par des soldats pour le protéger contre l'indignation de la foule ; mais ils n'avaient pu le défendre des clameurs et des huées. Les vases du culte étaient enlevés des églises pour que les curés constitutionnels ne pussent officier. A Roffiac on coupait les cordes des cloches de l'église ; à Ladiniac, les habitants échangeaient des coups de fusil avec la garde nationale envoyée pour installer de force le curé intrus. A Sénezergues ce fut encore pis ; les paroissiens avaient reçu le prêtre élu et ses amis avec une grêle de balles et de pierres... Il faut s'arrêter dans cette énumération ; ce que l'on peut retenir comme l'expression modérée de la vérité, c'est que le gros du peuple, pour ne parler que de lui, supportait avec impatience la tyrannie spirituelle à laquelle on le soumettait. » (1)

Poussé à bout, il finit par s'armer et repousser la violence par la violence.

Le 5 novembre 1791, en pleine séance du Directoire du District de Mauriac, Sauvat, procureur syndic prononçait ces haineuses paroles :

« Messieurs, le nombre des prêtres non conformistes, retirés dans ce District, a livré une partie de ses habitants au fanatisme le plus affreux, sous le prétexte spécieux de religion. Ces mauvais prêtres sèment la haine, la discorde et les divisions au nom d'un Dieu de paix. Ces monstres abusent du caractère sacré dont ils sont revêtus pour inoculer aux ignorants la rage qui les domine. Le peuple, toujours prêt lorsqu'il croit son salut en danger, devient

(1) *Les Tribunaux criminels* pag. 168.

furieux par excès de faiblesse et oublie tous ses devoirs, même son respect pour les lois divines et humaines.

L'on a trouvé dernièrement des immondices dans une église de ce District desservie par un prêtre constitutionnel. D'autres n'ont pas craint d'insulter ou ridiculariser des prêtres revêtus des habits sacerdotaux.

Il est instant, Messieurs, de prévenir un excès qu'on serait ensuite obligé de punir. En conséquence, que chacun soit tenu de conserver dans les églises le respect et la décence dus à ce saint lieu et qu'il soit fait défense de porter directement ou indirectement aucun obstacle à l'exercice des fonctions des curés et prêtres amis de la constitution et des lois. »

La matière mise en délibération, le Directoire du Distrct de Mauriac arrête « que chacun se tiendra dans les églises avec le respect et la décence dus à ce saint lieu et fait défense de porter obstacle à l'exercice des fonctions des prêtres constitutionnels, de les insulter et ridiculariser à peine d'être poursuivi comme perturbateur du repos public... » (1)

(1) Archives départementales.

A Mauriac, lorsque l'intrus, Louis Bertin, disait la messe, les gendarmes se tenaient aux portes de l'église pour le protéger contre l'indignation de la foule qui jetait des cendres aux yeux de l'intrus.

A Chaussenac, la garde nationale allait chercher l'intrus au presbytère, le conduisait à l'église, l'arme au bras, faisait sentinelle pendant l'office et le reconduisait chez lui, d'où il n'osait plus sortir.

A Ally, Paty, le jureur, était apostrophé par ces paroles : « Tu l'as avalé le crapaud ! » Il fut obligé de quitter le pays.

A Champagnac, Forestier, l'intrus, fut chassé ignominieusement par la population soulevée.

Dans le District de Saint-Flour, même horreur pour les schismatiques :

Le sieur Fabre, élu à la cure de Jabrun, prévoyant la résistance qu'opposeraient à son installation les habitants de cette paroisse, demanda aux autorités de Saint-Flour un détachement de gardes nationaux pour l'accompagner et lui prêter main forte. Arrivé à Chaudesaïgues, saisi de crainte, il n'osa pas aller plus loin et renvoya le détachement.

Une somme de soixante-douze francs avait été promise et payée à ce détachement par le Directoire du Cantal. Mais lorsque Coffinhal, procureur-général-syndic, rendit ses comptes devant l'assemblée des administrateurs du département, en décembre 1791, les commissaires nommés pour vérifier ces comptes furent d'avis que la somme de soixante-douze francs fût remboursée par le sieur Fabre et l'assemblée arrêta « que le Directoire poursuivrait, au nom du Procureur-Général-Syndic, contre le sieur Fabre, curé de Jabrun, dans le canton de Chaudesaigues, le remboursement de la somme de soixante-douze livres, payée à un détachement pour aller le protéger dans son installation. » (1)

A Maurines, même canton, eut lieu une scène intéressante :

François Gorse, nommé par les électeurs du District de Saint-Flour à la cure de Maurines, écrivit au maire de cette commune pour le prévenir que le jour de son installation était fixé au dimanche 1er mai 1791, le priant de disposer toutes choses à cet effet. La veille, muni de l'institution canonique donnée par Thibault et porteur de l'Ordonnance du Directoire, Gorse se rendit à Maurines, où il arriva à une heure de nuit, accompagné de deux de ses beaux-frères

(1) Procès-verbal de l'assemblée départ. de 1791, pag. 231 et 235.

et alla loger dans l'auberge du lieu. Le lendemain il se rendit à l'église à six heures du matin, au moment où les fidèles sortaient de la messe, que venait de dire leur bon curé M. Jalbert. Il demanda à parler au maire, celui-ci se présenta et répondit à l'intrus :

« Monsieur, je n'aurais jamais accepté la place de maire si j'avais cru qu'on m'obligeât à me mêler des choses de l'Eglise ; je me consulterai sur ce que j'ai à faire. » Et il s'en alla.

Peu après Gorse vit sortir M. Jalbert de l'église, accompagné de deux séminaristes, Chassang et Rastoul.

Il alla le saluer et il se disposait à l'embrasser, quand M. Jalbert l'arrêta en lui disant : — « Un moment ; venez-vous ici en ami ou comment venez-vous ? » Gorse répondit : — « Je viens en ami et pour prendre possession de la cure de Maurines, dont je suis légitimement pourvu. » — M. Jalbert répliqua à voix très haute de manière à être entendu de tous les fidèles qui s'étaient attroupés autour de lui ; — « Vous êtes dans l'erreur, Monsieur, vous n'êtes point légalement pourvu ; vous êtes hors la foi catholique ; je prierai Dieu de vous éclairer et de vous ramener à la foi. » Gorse reprit : — « Je n'ai pas trahi ma conscience, je vous remercie de vos conseils, mais finissons : puis-je dire la messe ? » — « Je ne vous le conseille pas », répondit Jalbert et il se retira.

L'intrus fit demander des ornements, une hostie, du vin pour la messe ; tout lui fut refusé. Etant entré dans l'église pour faire sa prière, aussitôt une multitude de filles, de femmes s'écrièrent : « Sortons d'ici, voila le diable qui entre » ; un homme tint le même langage.

Gorse essaya d'amener les paroissiens « à la raison et dans la bonne voie, » comme il disait, mais n'ayant pas réussi, il crut prudent de se retirer et d'attendre que la municipalité vînt l'installer. La municipalité ne vint pas. Après l'avoir longtemps attendue, il se retira à Fridefont, village de la même paroisse, où il dîna chez Rochette.

Peu de jours après, il se rendit à Saint-Flour et se présenta au Directoire du Cantal, dans sa séance du 2 mai, où il raconta les détails que nous venons de transcrire textuellement sur le registre du Directoire du département.

Le Directoire, voulant donner force à la loi, arrêta que le maire de Maurines serait mandé pour rendre compte de sa conduite et que les faits, ci-dessus relatés, seraient dénoncés à l'accusateur public. Nous ignorons quelle punition fut infligée au maire de Maurines, mais nous savons que Gorse quitta le pays et alla prendre de l'emploi dans une paroisse du District de Brioude.

Dans son court séjour à Maurines il s'était fait payer un quartier de son traitement.

Le Directoire du département exigea le remboursement de cette somme et s'adressa au District de Brioude pour faire retenir à ce fonctionnaire public la somme reçue au-dessus de son dû. (1)

A Talizat, canton de Saint-Flour, on fut obligé d'envoyer vingt-cinq hommes pour installer l'intrus Bergier à la place de Costerie Jean.

Non loin de là, à Coren, toute la paroisse se souleva contre l'intrus et son vénérable curé, M. Amat, fut accusé, comme c'était l'usage, d'être l'auteur de cette sédition.

A Tanavelle, les patriotes se livrèrent aux plus grands excès contre les catholiques qui refusaient d'assister à la messe sacrilège de l'intrus. Ils plantèrent au milieu du village une potence avec menace d'y pendre les aristocrates et les fanatiques. Il est vrai qu'ils ne furent pas

(1) Procès-verbaux du Directoire du Cantal. — Procès-verbal de l'assemblée départ. du mois de décembre 1791, pag. 234 et 236.

approuvés par le Directoire du département qui « ne pouvant voir indifféremment et sans indignation un tel monument d'horreur dressé par des rebelles à la loi, en signal de refus de payer les cens et de forcer tous les citoyens d'assister à la messe des prêtres assermentés, ordonna que la potence serait abattue. »

Les officiers municipaux refusèrent ou négligèrent de faire exécuter cet ordre. Le Directoire fit alors partir pour Tanavelle des gardes nationaux et un détachement du septième bataillon de chasseurs pour abattre la potence. Ce déplacement de la force publique occasionna une dépense de soixante livres dix-neuf sols.

L'assemblée départementale de 1791 condamna les officiers municipaux de Tanavelle à rembourser cette somme, sauf le recours à eux réservé contre les auteurs, fauteurs et complices de la plantation de la potence. (1)

« Richard, curé constitutionnel de Paulhenc, canton de Pierrefort fut aussi l'objet du mépris général, son église restait déserte, ses paroissiens se tenaient à l'écart ou le méprisaient. Les *menettes* se montraient les plus hostiles. Aussi les sans-culottes, espérant plutôt

(1) Procès-verbal de l'assemblée de 1791, pag. 232 et 235.

les dompter que les convertir, se montraient-ils cruels, nous dirons même féroces à leur endroit.

L'une d'elles, tertiaire de Saint-Dominique, pour ne citer qu'un fait, fut attachée à l'arbre de la liberté. — Nous ne t'en détacherons, firent les révolutionnaires, que lorsque tu auras promis d'assister à la messe du citoyen Richard. — Oh! jamais, dit-elle. Et la pauvre menette passa ainsi une journée et une nuit. Le lendemain un bataillon de gardes nationaux, comptant triompher de sa résistance, lui adressa mille menaces, la dépouilla de ses vêtements et la flagella. — Tapez fort, criait l'humble sœur, je ne crains rien. Et les séides meurtrissaient sa chair avec une nouvelle rage.

L'un d'eux cependant, confus sans doute d'un pareil acharnement, dit à ses coreligionnaires: — C'est assez, menons-là à l'église.

Aussitôt ils la détachent et l'entraînent à l'église. Là, elle adressa au milieu de la foule étonnée quelques paroles fort dures pour ses bourreaux et pour l'intrus qui célébrait la messe. Humiliés et confondus, ils lui rendirent la liberté. » (1)

A Oradour, district de St-Flour, les parois-

(1) Notice sur M. J.-B. Jalabert par M. l'abbé Rolland.

siens restent très attachés à leur curé Jean Roux et à leur vicaire Antoine Sanègre, tous deux restés fidèles, tous deux portés sur la liste des émigrés. L'intrus, un certain Pichot, écrit à Thibault pour se plaindre des insultes dont il est l'objet. L'évêque envoie sa lettre à l'assemblée départementale, qui, dans sa séance du 26 décembre 1791, « considérant combien il importe de protéger les nouveaux curés dans leurs postes et de mettre fin aux insultes qui leur sont faites, à l'instigation des prêtres non assermentés, spécialement dans la paroisse d'Oradour, où le sieur Pichot, curé actuel, a été insulté, même dans ses fonctions, et son clerc maltraité ; considérant que les officiers municipaux d'Oradour, qui auraient dû interposer leur autorité pour arrêter ces désordres ou les prévenir ont, au contraire, montré dans ces circonstances une insouciance coupable, arrête :

1° que le Directoire du district de St-Flour sera chargé de mander les officiers municipaux de cette commune pour être entendus sur les faits dont il s'agit et aviser aux moyens d'y rétablir la tranquillité ;

2° que les ci-devant curé et vicaire de cette paroisse seront tenus de s'en éloigner dans les

24 heures de la notificaton du présent arrêté ». (1)

Dans toutes les communes du district de Saint-Flour le schisme était repoussé. Le 1er juin 1791, le procureur-général-syndic Coffinhal, écrivait au comité des rapports de l'Assemblée nationale : « ... Les paroisses du département du Cantal limitrophes de la Lozère sont celles où cet esprit (l'esprit catholique) a fait le plus de progrès. Les habitants de ces paroisses refusent de recevoir les nouveaux curés ou les insultent, les menacent et forcent ceux qui ont commencé leurs fonctions à les abandonner. Les anciens curés y exercent toujours, au mépris de la loi, les fonctions qu'ils ne peuvent exercer sans crime... Certains ont été dénoncés à l'accusateur public du tribunal de Saint-Flour, mais son silence ou sa lenteur à poursuivre le font suspecter avec raison de penser de même... Les esprits sont même si exaltés qu'il serait impossible de faire exécuter les jugements de ce tribunal sans une force considérable... » (2)

(1) Procès-verbal de l'assemblée de 1791, pag. 356.

(2) *Histoire de la Constitution civile du clergé* par Sciout, tom. II pag. 385.

CHAPITRE VI

TROUBLES RELIGIEUX DANS LE DISTRICT D'AURILLAC : A CASSANIOUZE, PERS, BOISSET.

Dans le District d'Aurillac la persécution contre les prêtres catholiques fut peut-être plus violente que partout ailleurs ; mais là aussi autant qu'ailleurs on admira la fermeté du clergé à maintenir la vraie doctrine, le courage des populations à défendre leur foi, l'intrépidité des municipalités elles-mêmes à prendre le parti des victimes ; d'autre part on vit l'outrecuidance des intrus qui, après avoir porté le trouble dans les paroisses paisibles, accusent les prêtres catholiques d'être la cause de ce même trouble.

A Cassaniouze, canton de Montsalvy, Souquière, curé jureur, se voyait repoussé par les fidèles qui désormais s'adressaient uniquement pour la réception des sacrements au vicaire, appelé aussi Souquière, lequel était resté fidèle.

Le jureur fit ses plaintes. Le 15 décembre 1791, il adressa à l'assemblée départementale un mémoire « par lequel il exposa que le sieur

Souquière, ci-devant vicaire de cette paroisse, s'ingère dans l'exercice des fonctions publiques quoiqu'il n'ait pas satisfait à la loi du serment ; qu'il excite des troubles parmi les habitants et leur inspire des sentiments séditieux envers leur pasteur légitime, parce qu'il a prêté le serment ordonné par la loi ; que le maire de cette municipalité, d'intelligence avec le ci-devant vicaire, loin de porter ses soins à conserver la paix et la tranquillité, augmente le trouble par son exemple et son insouciance pour l'exécution des lois ; qu'enfin les autres membres de la municipallté n'interposent pas leur autorité dans ces circonstances de division et d'intolérance. »

Après la lecture de ce mémoire, l'assemblée arrêta que le maire et les officiers municipaux de Cassaniouze seraient mandés devant elle pour rendre compte de leur conduite.

Ils arrivèrent en effet, le 12 décembre, à Aurillac et se présentèrent devant l'assemblée :

« M. le Président leur a fait lecture du mémoire contre eux présenté par le sieur Souquière; ils y ont répondu par une dénégation formelle des faits qui y sont articulés.

L'assemblée a désiré d'entendre le sieur Souquière, curé, contradictoirement avec eux ; il a été introduit en conséquence. Après une longue discussion sur des allégations dont il n'a été fourni de part et d'autre aucune preuve, l'assemblée s'est bornée à rappeler, par l'organe de son Président, aux officiers municipaux et au curé de Cassaniouze leurs devoirs respectifs et à leur recommander surtout l'esprit de paix et d'ordre, l'obéissance aux lois, la subordination aux autorités constituées et le maintien de la tranquillité publique.

Les parties ont paru se rendre à cette recommandation ; elles ont promis de s'y conformer exactement de part et d'autre et l'assemblée a eu la satisfaction de les voir se donner mutuellement, avant de se retirer, des témoignages de réconciliation et de fraternité. » (1)

A Pers, dans le District d'Aurillac, Jean Feniès, curé de cette paroisse, et son vicaire N.... ayant refusé le serment, avaient conservé l'affection et la confiance de leurs paroissiens au point que la municipalité prélevait des fonds pour les dédommager de la perte de leur traitement, et n'affichait aucune loi, aucun arrêt sans avoir demandé leur conseil. Quand Vic, le curé intrus, un comédien, comme on l'appelait, se présenta, toute la paroisse paisible jusqu'alors

(1) Procès-verbal de l'assemblée départ. de 1791, page 268 et 329.

se souleva d'indignation et accabla de mépris le loup qui entrait dans la bergerie. Ce dernier, furieux, envoya à l'assemblée du département, à Aurillac, un mémoire qui fut lu dans la séance du 13 décembre 1791 et qui contenait ses plaintes « tant contre plusieurs officiers municipaux que contre les ci-devant curé et vicaire non assermentés de cette paroisse et par lequel il les accuse savoir : les premiers, d'avoir fait un rôle pour lever de l'argent et salarier les prêtres non assermentés, de ne pas faire afficher et publier exactement les lois qui leur sont adressées, mais de les porter avant tout au ci-devant curé qui ne leur laisse afficher que celles qu'il juge à propos ; d'être enfin d'intelligence avec ces prêtres pour favoriser les troubles qui agitent cette commune, et les seconds, d'égarer journellement les habitants, de les engager avec force à ne pas assister aux offices célébrés par le curé constitutionnel, de leur faire regarder ses fonctions comme des jeux et des comédies, de se coaliser avec plusieurs officiers municipaux pour le molester, le forcer à quitter son poste et avoir par ce moyen occasion de faire en son absence les baptêmes, mariages et enterrements. »

Après cette lecture, l'Assemblée arrête « que la municipalité de Pers sera mandée pour rendre compte de sa conduite ; que les faits exposés dans ledit mémoire contre les sieurs Feniès et son vicaire seront dénoncés à l'accusateur public. »

Les municipaux de Pers, venus à Aurillac et introduits dans la salle des séances, le 23 décembre, le président leur fit faire lecture du mémoire.

« Interpellés de répondre sur les faits y contenus, ils se sont défendus par de simples dénégations des allégations vagues et contradictoires et des propos peu mesurés... Le sieur Vic a été introduit, et, après différentes explications entre eux, ils se sont retirés.

La matière mise en délibération, l'Assemblée considérant : 1° que les officiers municipaux de Pers, au lieu d'interposer leur autorité pour protéger le sieur Vic dans ses fonctions, ont témoigné à cet égard l'insouciance la plus grande et la plus coupable ; 2° que les propos qu'ils viennent de tenir en présence de l'assemblée annoncent suffisamment l'esprit de fanatisme qui les anime et leur coalition intime avec les ci-devant curé et vicaire qui l'ont répandu dans cette paroisse ; 3° que rien n'est plus urgent que d'y rétablir l'ordre et la soumission aux lois, en éloignant ceux qui osent s'opposer à leur exécution,

Arrête que le sieur Feniès, ci-devant curé, et le ci-devant vicaire de la paroisse seront tenus de s'en éloigner provisoirement dans les vingt-quatre heures à compter de la notification qui leur sera faite du présent arrêté par un gendarme national; arrête pareillement que les maire, officiers municipaux et procureur de la commune de Pers sont suspendus de leurs fonctions; charge le Procureur Général Syndic de dénoncer les mêmes officiers municipaux à l'accusateur public. » (1)

Jean Feniès resta curé de Pers jusqu'à l'année 1819, époque de sa mort. Il avait 68 ans.

Le 25 décembre 1791, le jour de Noël, l'assemblée des administrateurs du Cantal tenait ses séances à Aurillac. Il était trois heures du soir. Une députation du comité militaire de la garde nationale de la ville se fait annoncer et, l'assemblée l'ayant reçue, un membre de cette députation raconte un attentat qui vient d'être commis sur la personne du sieur Dommergues, curé constitutionnel de la paroisse de Boisset, canton de Maurs.

« Aujourd'hui même, dit-il, après minuit, dans le temps que le curé célébrait la messe, il a

(1) Procès-verbal de l'assemblée de 1791, p. 256-331.

été atteint d'un coup de fusil lâché hors de l'enceinte de l'église par une croisée. Un tel délit annonce qu'il existe dans cette paroisse un fanatisme outré qui pourrait se propager si l'on ne s'empressait d'en détruire la cause. La garde nationale d'Aurillac, ajoute-t-il, offre de se transporter à Boisset pour y rétablir l'ordre, protéger le sieur curé et s'assurer des auteurs et des complices du crime, si l'on pouvait parvenir à les découvrir. »

A ce récit, l'assemblée, considérant qu'il est de son devoir de maintenir l'ordre et de rétablir la paix troublée, considérant « que le fanatisme, qui égare malheureusement une partie du peuple, fait tous les jours des progrès dangereux, qu'on ne peut l'imputer qu'aux curés et vicaires non assermentés résidant dans leurs anciennes paroisses ou aux environs, arrête qu'il sera nommé un commissaire à l'effet de se transporter le lendemain au lieu de Boisset pour y prendre les informations les plus exactes sur l'attentat commis, la nuit dernière, en la personne du sieur Dommergues, curé de cette paroisse ; que ce commissaire sera assisté d'un détachement composé de cinquante hommes de la garde nationale d'Aurillac, de vingt-cinq hommes pris dans les gardes nationales des différentes communes qui sont sur la route de Boisset ; que les ci-devant curé et vicaire de la paroisse de Boisset seront tenus de s'en éloigner et de se rendre de suite à Aurillac pour y résider sous la protection des lois et la surveillance des corps administratifs. »

Les deux prêtres, dont il est question, sont M. Pierre Jalenques, curé de Boisset, official de l'évêque de St-Flour, et M. Muratet, vicaire de la même paroisse, tous deux ecclésiastiques distingués, portés sur la liste des émigrés.

Le lendemain de la Noël, de bon matin, le sieur Lafont commissaire, nommé par l'assemblée, partit pour Boisset avec les cent gardes nationaux qui lui avaient été adjoints. Toute la garde nationale d'Arpajon voulait partir et les administrateurs eurent toute la peine du monde à la retenir.

Parti le 26 décembre pour Boisset, le commissaire Lafon rentra à Aurillac le 28. Il se présenta à l'assemblée et rapporta « qu'il n'était que trop vrai que le délit avait été commis, que le sieur curé était grièvement blessé au côté gauche ; que le juge de paix du canton de Maurs s'était rendu sur les lieux pour dresser procès-verbal du délit et prendre les informations qui pourraient faire découvrir le coupable ; qu'on n'en avait encore acquis aucune connaissance légale; mais que le bruit public seulement paraissait accuser le fanatisme d'avoir été la cause impulsive de cet attentat ; qu'au surplus la tranquillité était parfaitement rétablie dans la paroisse de Boisset; qu'enfin l'arrêté de l'assemblée relatif à l'éloignement provisoire des ci-devant curé et vicaire de Boisset leur avait été notifié. » (1)

L'attentat de Boisset fit du bruit. Thibault, l'évêque schismatique, en écrivit au roi. Voici cette lettre :

« Sire, je crois indispensable d'informer Votre Majesté d'un crime horrible qui vient de se commettre dans la paroisse de Boisset, district d'Aurillac, département du Cantal. Dans la nuit du 24 au 25 du mois dernier, tandis qu'un prêtre soumis à la loi offrait à l'Eternel un sacrifice pour le salut de l'empire et la prospérité de votre règne, un assassin a frappé d'un poignard sacrilège (erreur) le ministre d'un Dieu de paix au moment qu'il tenait en ses mains l'Agneau sans tache. Sire, cet événement attire toute votre sollicitude paternelle. Le peuple est las de troubles religieux, il veut la paix, mais il peut

(1) Procès-verbal de l'assemblée de 1791, pag. 351, 354, 314.

se livrer à sa fureur contre les perturbateurs de son repos. J'ai consacré jusqu'ici mes veilles à le retenir ; il n'y a pas un instant à perdre. C'est un devoir sacré de votre amour pour un peuple qui a droit à votre justice, puisqu'il a juré de vous être fidèle. »

Cette lettre fut lue à l'Assemblée nationale, dans sa séance du 14 janvier 1792. — « Je demande, dit le député Rouilhès, que cette lettre soit portée au roi et qu'on lui témoigne la sensibilité de l'Assemblée sur un si horrible événement... »

Un autre député, Mouysset, dit : « S'il est prouvé qu'on n'ait aucun égard à la lettre de M. l'évêque du Cantal, alors l'Assemblée pourra prendre les mesures que lui indique la Constitution. »

Haussy-Robecourt ajoute : « Je ne crois pas que le pouvoir législatif ait le droit, non plus que le pouvoir exécutif, d'intervenir dans la marche du pouvoir judiciaire ; on informe à Aurillac. Attendez, et si les tribunaux font leur devoir, en attendant vous aurez fait le vôtre. »

L'Assemblée fut de cet avis ; elle n'intervint pas, ni le roi non plus. (1)

(1) *Moniteur* tom 11, pag. 124.

La justice, à Aurillac, prit des informations, mais elles n'aboutirent pas. Du moins nous n'avons trouvé aucune trace de l'arrestation et de la condamnation du coupable. Quant à M. Dommergues, il ne mourut pas de sa blessure, mais il dut s'éloigner de Boisset.

CHAPITRE VII

AFFAIRE DE SÉNEZERGUES. — MEURTRE DE JEAN GARROUSTE

Le remplacement des prêtres fidèles devenait de jour en jour plus difficile et la situation des campagnes s'aggravait.

Sénezergues, une paroisse du canton de Montsalvy, se leva toute entière pour repousser l'intrus et défendre son curé légitime. Quand la Révolution vint troubler ce pays paisible, Jacques Girbal était prieur curé de Sénezergues, depuis 1772, et Jean Pons en était le vicaire.

Ces deux prêtres courageux refusèrent le serment à la Constitution civile du clergé et continuèrent paisiblement à exercer les fonctions de leur saint ministère jusqu'au 5 du mois de juin 1791, jour de sinistre mémoire, où se présenta l'intrus.

Un certain Durat-Lasalle, d'Aurillac, élu curé constitutionnel de Sénezergues, en mai 1791, se disposait à se rendre à ce poste pour en prendre possession ; mais connaissant les dispositions hostiles des habitants pour le schisme constitutionnel, il demanda et obtint une nombreuse escorte de gardes nationaux d'Aurillac, d'Arpajon et d'ailleurs, et se mit en route pour Sénezergues qu'il se proposait de conquérir vaillamment. C'était le 5 juin, un dimanche.

A quelque distance de Sénezergues, Durat-Lasalle et ses garde nationaux rencontrèrent les sieurs Bourg, maire de la commune, et Prax, officier municipal, qui leur représentèrent le danger qu'il y avait d'aller plus loin, attendu que les habitants, assemblés de tous les villages, étaient déterminés à s'opposer à l'installation du nouveau curé. Toute remontrance fut inutile ; ils avancèrent et bientôt ils se trouvèrent en face d'une population frémissante, à la tête de laquelle quelques documents prétendent, mais sans preuve, que se trouvait le seigneur de Sénezergues, Verdier du Barrat, dont le château est situé à quatre cents mètres du bourg.

Dans un esprit de paix, les habitants demandent huit jours pour délibérer et prendre un parti. L'intrus et ses sicaires refusent d'accorder ce délai et, pour en finir avec cette résistance, ordonnent de faire feu sur la foule exaspérée. Plusieurs de ces malheureux paroissiens sont blessés, l'un d'eux, Jean Garrouste, du village de Sérieys, tombe frappé d'une balle.

Transporté dans la maison la plus voisine, chez un nommé Lapayre, il fit appeler le vicaire, Jean Pons, se confessa, reçut les derniers sacrements après avoir pardonné à son meurtrier, et expira dans les sentiments d'un vrai martyr.

Le désordre étant au comble, on ne l'enterra que deux jours après.

Au milieu de ces horreurs, l'intrus ne songea pas à se faire installer et s'éloigna, attendant de nouveaux renforts.

En effet, à la nouvelle du sinistre événement, le Directoire du District d'Aurillac, par arrêté du même jour, 5 juin au soir, ordonna la réquisition de cinq cents gardes nationaux pris dans les gardes nationales d'Aurillac, d'Arpajon et de Vézac, et par une autre arrêté du 6, en donna le commandement à Cambefort-Douradou avec ordre de se transporter à Sénezergues pour y prêter main forte à Durat-Lasalle et pour y accompagner l'accusateur public et le commissaire du tribunal qui allaient prendre des informations sur l'insurrection de la paroisse.

Cette troupe se grossit en route de plusieurs maréchaussées, des gardes nationales de Calvinet, de Labesserette, de Maurs et d'un détachement des chasseurs d'Auvergne en garnison dans cette dernière ville, ce qui fit un total de douze cents hommes. Ces bandes, munies de poudre et de balles, arrivèrent à Sénezergues à l'entrée de la nuit, le lundi.

« Nous nous établîmes dans l'église, M. Falgères ayant trouvé la clef sur la porte, dit Cambefort dans sa *Relation*. Au même instant nous fûmes joints par les gardes nationales de Maurs et les chasseurs d'Auvergne, suivis de deux détachements que j'avais laissés derrière, qui s'établirent dans une grange appartenant à M. du Barrat, j'établis une garde sous la halle ; les chasseurs d'Auvergne en firent de même au-devant de leur grange et alors les différentes troupes se dispersèrent pour chercher à se reposer plus commodément ; on alluma des feux sur la place ; ce ne fut que vers les onze heures et demie du soir que je fus instruit que plusieurs gardes nationales avaient fouillé la maison du ci-devant prieur de Sénezergues, qu'on avait trouvé du vin dans sa cave, au village de Mas, dont ils s'étaient emparés ; je ne crus point qu'il fût de la prudence de l'empêcher, crainte d'exciter un soulèvement au milieu de la nuit, d'autant plus que n'ayant point assez de pain et point de vin pour faire une distribution générale au milieu de la nuit il fallait prendre patience jusqu'au lendemain... Le lendemain, j'envoyai plusieurs patrouilles pour faire rentrer tout le monde ; j'y fus obligé par différents coups de fusil que j'entendis tirer de tous les côtés ; je craignais d'ailleurs, vu que le terrain est coupé de tertres et de chemins creux, que les patrouilles fussent atteintes par ces différents coups de fusil, notamment une patrouille, commandée par le sieur Dieudonné Croizet faillit en recevoir plusieurs de ces balles et chevrotines qui leur passèrent sur la tête, et, pour obvier à toute espèce d'accident, je fis battre la générale et quand tout le monde fut rassemblé je fis distribuer la viande pour faire la soupe.

Pendant ce temps-là arriva un convoi de pain... je fis faire la distribution de ce pain et du vin, M. Dubarrat nous en ayant cédé une barrique. Plusieurs personnes me dirent que si je voulais leur permettre de fouiller ailleurs ils en trouveraient ; je crus ne devoir ni ne pouvoir le faire, parce que les maisons se trouvant abandonnées par le déguerpissement des habitants, il fallait enfoncer pour s'en procurer.

Ensuite de ce, le sieur Lasalle, curé, vint prendre possession de sa cure, fit l'enterrement d'un homme qui avait été tué dans l'insurrection du dimanche au matin, M. le commissaire du Tribunal ayant rempli auparavant ses fonctions.

Pendant ce temps-là, on arrêta plusieurs femmes que l'on conduisit à l'église, on en relâcha quelques-unes, on n'en retint que trois. Tout le monde étant tranquille, je descendis au château pour y prendre quelque chose.

Etant là, M. le commissaire du Tribunal me prévint que MM. les commandants des gardes nationales de Maurs et d'Arpajon lui avaient demandé s'il les retiendrait longtemps et s'ils pouvaient espérer de partir dans le jour, à quoi M. le commissaire leur avait répondu que la garde nationale d'Aurillac était beaucoup plus que suffisante, que ces messieurs pouvaient partir quand ils voudraient. Un instant après l'on vint nous dire qu'il s'élevait beaucoup de murmures et que cela tirerait à conséquence en troublant l'union et la concorde qui devait régner entre les différents détachements des gardes nationales.

D'après l'avis de M. le commissaire, de M. l'accusateur public, des commandants des gardes nationales de Maurs et des chasseurs d'Auvergne, je leur dis qu'il fallait se séparer le plutôt possible, leur laisser manger la soupe, qu'ensuite on ferait partir les détachements des campagnes ainsi que ceux de Maurs, d'autant plus que ceux des campagnes perdraient un temps précieux pour leurs travaux, que les paysans de la paroisse de Sénezergues ne paraîtraient sûrement pas tant que nous y séjournerions, que ce serait les écraser en les empêchant de reprendre leurs travaux.

Ce furent là les motifs qui me déterminèrent à un départ si prompt, avec d'autant plus de raison que la terreur était dans tout le pays, que notre mission n'était pas de les ruiner et de les écraser, mais de les faire rentrer dans le devoir. Ils se souviendront longtemps de la leçon qu'on leur a donnée...

Avant le départ il s'éleva une réclamation portant que l'on disait que le curé (M. Girbal) était caché dans le château de M. Dubarrat et qu'il fallait l'aller visiter ; à l'instant j'envoyai ordre aux commandants des différents détachements d'envoyer deux ou quatre hommes pour aller faire cette visite. Les patrouilles étaient rentrées, M. le commandant de Maurs remit entre les mains de l'accusateur public plusieurs lettres trouvées chez le ci-devant prieur... »

Après avoir installé le curé schismatique et écrasé toute résistance, les gardes nationales rentrèrent dans leurs communes ; celle d'Aurillac emmenait des prisonniers ; M. Cambefort n'en dit pas le nombre.

« Arrivés à la hauteur du Cairou blanc, ajoute-t-il, à trois quarts d'heure de Sénezergues, nous nous aperçûmes d'une fumée considérable et nous vîmes que c'était une maison qui brûlait. » Il coucha avec sa troupe à Aurillac.

Cambefort, dans sa *Relation*, ne donne aucun détail sur l'insurrection du dimanche ; il se tait sur les pillages et les atrocités auxquels se livrèrent ses troupes dans la paroisse de Sénezergues ; à peine y fait-il allusion.

M. Pons, vicaire, fait de ce triste évènement le récit qui suit, que je trouve sur le registre des décès de l'église de Sénezergues ;

« Mort violente de Jean Garrouste. Le 5 juin 1791, a été mis à mort Jean Garrouste du village de Sérieys, paroisse de Sénezergues, lors de l'intrusion de Durat-Lasalle, qui, environné de gardes nationaux de Maurs, Calvinet, Arpajon, Labesserette, et au milieu des bayonnettes, refusa de donner huit jours à ladite paroisse pour délibérer et ordonna de faire feu sur ces gens sans armes et dans l'impossibilité d'opposer la moindre résistance. Parmi un grand nombre de blessés le sieur Jean Garrouste fut blessé à mort. Transporté chez Lapeyre, maison la plus voisine.

il fait appeler Jean Pons, vicaire de ladite paroisse et après avoir pardonné son meurtrier, reçoit les sacrements de pénitence, d'eucharistie et d'extrême-onction, avec les sentiments d'un vrai chrétien et meurt martyr de la foi.

Son enterrement est différé de deux jours, dans l'intervalle desquels Dieu seul sait les horreurs, les brigandages, les pillages de toute espèce qui se commirent par l'arrivée de plus de douze cents hommes qui vinrent fondre sur cette paroisse, qui demeura déserte pendant quelques jours. Les séchoirs, les antres, les cavernes étaient pleins de femmes qui avaient emporté leurs enfants dans ces lieux souterrains. Les deux jours passés, l'enterrement se fit en présence de la garde nationale d'Aurillac par le sieur Durat-Lasalle, curé constitutionnel. Aprés quoi on poursuivit le légitime curé ; on lui enleva ses habits, son mobilier, tous ses meubles ; on lui dévora toutes ses provisions, on le décréta de prise de corps ; on le pendit et on le brûla en effigie avec son vicaire, au milieu de la place. Signé, Pons, vicaire, attestant les faits ci-dessus. »

Voici sur l'insurrection de Sénezergues, ce que M. Delzons, d'Aurillac écrivait à M. Armand, député du Cantal à l'Assemblée nationale:

« Aurillac, 7 juin. — Nous sommes tous ici consternés d'une insurrection de la paroisse de Sénezergues qui s'est opposée à main armée à l'installation de son curé ; il y a deux hommes de tués, plusieurs de blessés.

Plus de cinq cents hommes de notre garde nationale ou des paroisses voisines partirent hier pour mettre cette paroisse à la raison. Un de nos juges est allé s'informer sur les lieux contre les chefs de la sédition. Je crains que cette troupe ne soit pas assez contenue. »

De même jour, 7 juin, le Directoire du district d'Aurillac écrivit à Paris au Comité des rapports et dans cette lettre il avoue aussi qu'il y eut deux morts.

Les Amis de la Constitution, d'Aurillac, qui écrivirent également au Comité des rapports, en portent le nombre à quatre. Dans l'effervescence et le bruit d'un événement sinistre l'imagination joue un grand rôle et se porte à l'exagération, c'est ce qui arriva dans l'insurrection de Sénezergues, le bruit courut à Aurillac, le lendemain, que deux, quatre hommes avaient été tués. Peut-être aussi le Directoire et les *Amis de la Constitution* élevèrent-ils le nombre des morts pour jeter plus d'odieux sur la malheureuse paroisse de Sénezergues. Cambefort et Pons, qui étaient sur les lieux, ne parlent que d'une seule victime.

Quoiqu'il en soit, Durat-Lasalle, objet d'horreur, mit bientôt fin à une situation intolérable; il se retira, cédant sa place à un autre apostat du nom de Lagrange qui ne fut pas plus heureux.

Jacques Girbal était toujours le pasteur légitime et c'était à lui et à son vicaire, M. Pons, que s'adressaient clandestinement les paroissiens de Sénezergues. Ce vénérable pasteur mourut en 1800 (1).

(1) *Les Tribunaux d'Auvergne* par Boudet, page 168. — *Histoire de la Constitution civile du clergé* par Sciout, t. II, p. 380. — *Relation* imprimée de Cambefort. — Récit de M. Pons.

CHAPITRE VIII

CONNIVENCE DE CERTAINS JUGES ET DE PLUSIEURS GENDARMES AVEC LES PROSCRITS.

Les faits que nous venons de raconter dans les chapitres précédents prouvent avec évidence que, non seulement les populations, mais encore la plupart des municipalités, surtout dans les campagnes, étaient très hostiles aux intrus et très sympathiques au clergé catholique. Même parmi les fonctionnaires, jusque dans les tribunaux, on trouvait des hommes qui étaient indignés, révoltés des injustices criantes, des poursuites iniques exercées contre de pauvres prêtres qui n'avaient d'autre tort que celui de faire leur devoir.

Nous avons dit que plusieurs membres du tribunal de Saint-Flour avaient refusé de participer à l'élection de l'évêque constitutionnel du Cantal. Le Directoire du département les blâma et les dénonça à l'Assemblée nationale par une lettre du 1er juin 1791, dont nous avons plus haut rapporté un extrait.

Une seconde dénonciation plus accentuée fut envoyée à l'Assemblée nationale par le même Directoire contre les mêmes juges, contre l'accusateur public et contre le commissaire du roi. Ce dernier, M. Chazelides, avait reçu dans sa maison de campagne des prêtres réfractaires; il avait refusé de juger les prétendus perturbateurs, complices de Mgr de Ruffo, dans son opposition à la Constitution civile du clergé, et les avait renvoyés devant l'Assemblée nationale, seule compétente pour les juger, disait-il, attendu que l'évêque était député.

Le Directoire ne pouvait pardonner ces faits et les dénonça.

Le 18 juin 1791, le Comité des rapports écrivit aux juges de Saint-Flour la lettre menaçante qui suit :

« Le Comité des rapports, autorisé par l'Assemblée nationale, me charge de vous prévenir qu'il a reçu contre vous des plaintes extrêmement graves. L'on se plaint de l'impunité dont jouissent dans votre ressort les réfractaires à la loi et de la protection secrète que vous leur accordez en ne donnant aucune suite aux dénonciations qui vous ont été faites contre eux, et encore de tous les prétextes pour ne pas les condamner lorsque vous n'avez pu vous empêcher de les poursuivre.

Les manœuvres coupables, qui ont eu lieu sous vos yeux, les publications fanatiques, les écrits séditieux répandus avec profusion, vous accusent, puisqu'il n'est encore émané de vous aucun jugement qui en punisse les auteurs... Ces faits ont été dénoncés par des autorités respectables (les Jacobins) et par les corps administratifs eux-mêmes, au civisme desquels vous ne pouvez vous empêcher de rendre justice; l'improbation que quelques-uns d'entre vous ont reçue de l'assemblée électorale, le désaveu de votre municipalité, élèvent des soupçons bien redoutables contre vous.

Le Comité cependant, pour qui c'est toujours un devoir pénible que d'accuser, a cru, avant que de rendre compte à l'assemblée et de provoquer contre vous un décret sévère, qu'il devait vous prévenir de ces accusations graves... » (1)

Les juges de Saint-Flour surent se défendre et restèrent en place. Le tribunal était ainsi composé : Jean Daude, président ; Devillas, Lafont, Coutel, Bonnault, Ruat, juges ; Spy des Ternes, juge suppléant ; Bory, commissaire national. (2)

Ce furent les mêmes en 1791 et 1792.

(1) Sciout, tome II, page 386.
(2) *Statistique du Cantal*, page 602.

Les prêtres catholiques ne trouvaient pas seulement des amis parmi les juges, mais encore parmi les gendarmes ; quelques uns, çà et là, n'obéissaient qu'à regret aux ordres de leurs supérieurs et parvenaient quelquefois à sauver ceux qu'ils avaient ordre d'arrêter.

Dans la séance de l'Assemblée départementale, du 20 décembre 1792, « un membre a rappelé à l'Assemblée les différents arrêtés qu'elle a pris pour réprimer les troubles religieux dans ce département et assurer l'exécution de la loi du 26 août dernier contre les prêtres perturbateurs ; il a exposé que les dissensions intestines étaient prêtes à renaître si on ne s'empressait de les prévenir ; que plusieurs des chefs de la gendarmerie inspiraient une telle défiance, que les municipalités exigeraient d'employer la force armée ; qu'au lieu de venir au secours de la loi, quelques officiers de ce corps protégeaient au contraire les malveillants contre la loi ; que leur incivisme est tel qu'on est instruit que quelques-uns d'eux ont des relations habituelles avec des émigrés et des prêtres réfractaires qu'ils ont ordre de faire arrêter ; qu'enfin la sûreté publique exige que l'administration prenne des mesures pour que l'incivisme des officiers de gendarmerie ne porte plus d'obstacle à l'exécution des lois. »

Sur ce, le conseil permanent arrête qu'il sera fait une adresse à la Convention, à l'effet d'aviser dans sa sagesse au remplacement des gendarmes soupçonnés d'incivisme ou d'intelligence avec les ennemis de la République. Voici cette adresse :

« Représentants du peuple,

« Les corps administratifs et judiciaires de ce département sont renouvelés ; l'œil vigilant de la liberté n'a laissé en place aucun homme suspect. Les chefs de gendarmerie sont les seuls fonctionnaires publics qui n'aient pas été soumis à une révision épuratoire ; plusieurs de ceux de ce département inspirent depuis longtemps les plus justes soupçons, les craintes les mieux fondées ; les lois contre les perturbateurs sont sans effet ; nos arrêtés le sont aussi par la coupable connivence des officiers de la gendarmerie avec ceux qu'ils sont chargés d'arrêter ; on en a vu se promener publiquement avec des émigrés rentrés et des prêtres réfractaires. Si la loi nous eût permis de les remplacer, nous n'aurions pas la douleur de voir l'exécution des lois éludée et leur autorité méconnue ; il en est que nous savons avoir été les agents secrets des ennemis de dehors et chargés de leur correspondance au dedans ; ils sont encore en place ; les municipalités craignent d'employer la force armée par la défiance qu'inspire l'aristocratie des chefs. Nous vous dénonçons ces délits et nous vous demandons d'aviser promptement aux moyens de remplacer, par des hommes dont les principes soient purs, les officiers de notre gendarmerie dont l'incivisme nous est connu. »

Il y avait donc d'honnêtes gens dans les tribunaux et dans les gendarmeries. C'est un bonheur et un soulagement de pouvoir le constater.

(1) *Procès-verbal* de 1792. Pag. 525-526.

CHAPITRE IX

TROUBLES EN 1792 DANS LES DISTRICTS D'AURILLAC, DE MURAT, DE SAINT-FLOUR.

En 1792, comme en 1791, de toutes parts en Auvergne, se produisirent des brigandages et des émeutes. La guerre aux curés engendra la guerre aux simples citoyens.

Le gouvernement récoltait ce qu'il avait semé. Prêcher les doctrines les plus subversives, travailler à l'extermination de deux classes de la société, attaquer le droit de propriété en confisquant les biens de la noblesse et du clergé, lancer contre les prêtres et les aristocrates des légions de gendarmes, de volontaires, de gardes nationaux, comme une meute de chiens enragés, telle était sa besogne de chaque jour. Après cela peut-on être étonné de voir des populations surexcitées, égarées par de telles doctrines, de pareils exemples, se soulever et à l'imitation du gouvernement, s'emparer du bien d'autrui ! Elles ne font que mettre en pratique les principes de ceux qui les gouvernent.

C'est ce que nous voyons en Auvergne. Nos administrations ordonnent l'expulsion des curés légitimes et l'intrusion des schismatiques dans les paroisses ; eh bien, les patriotes, c'est-à-dire, les intrus, les désœuvrés, les va-nu-pied, les têtes chaudes, et il y en a au milieu des populations les plus paisibles, se forment en bandes, et courent dans les campagnes avec de grandes clameurs, pénètrent dans les maisons à la recherche, disent-ils, des aristocrates et des curés, mais en réalité, c'est pour piller, et ils pillent, ils rançonnent, ils cassent et fracassent, assomment et rouent, dévastent et incendient, boivent et mangent, font rafle partout de la cave au grenier, se remplissent les poches et vont au village voisin en faire autant.

Et, notez bien, tout cela se fait au nom de la loi, pour exécuter les arrêts du Directoire, pour affermir la Constitution.

« Dans le Cantal, le commandant d'une garde nationale villageoise a demandé vengeance contre ceux qui ne sont pas patriotes et le bruit court que, de Paris, il est venu un ordre pour détruire les châteaux... A Aurillac, les insurgés entrent dans les maisons, rançonnent les habitants, non seulement les prêtres, les ci-devant nobles, mais encore ceux qui sont soupçonnés d'être leurs partisans, ceux qui n'assistent pas à la messe du prêtre constitutionnel, jusqu'à de pauvres gens, artisans, laboureurs, qu'ils taxent à 5, à 20 fr. et dont ils vident la cave ou la huche. Des potences sont dressées devant les principales maisons (1).

Le 30 mars 1792, une quarantaine de brigands, se disant patriotes et amis de la Constitution, forcèrent, dans neuf à dix maisons de la Capelle-Viescamp, les braves citoyens honnêtes mais pauvres, à leur donner de l'argent, en général 5 francs par personne, parfois 10 fr., 20 fr., 40 fr.»

A Saint-Simon, en mars, « le maire fut forcé à mains armées de souffrir une concussion sur nombre d'habitants de la paroisse, qui furent contraints par la garde nationale de payer des sommes considérables. » (3)

Jussac est menacé d'une insurrection : « Le 7 avril 1791, l'administration du Cantal, instruite que les habitants de Jussac devaient se rasssembler en armes, demain, jour de Pâques, au chef-lieu de leur paroisse, arrête que le Directoire du district d'Aurillac enverra sur le champ les or-

(1) *La Révolution* par Taine, t. 1, page 448.

(2) *La Révolution* par Taine, t. 2, page 177.

(3) Procès-verbal des séances de l'administration du Cantal en 1792, p. 21.

dres les plus précis à la municipalité de Jussac pour qu'elle ait à s'opposer à toute espèce de rassemblement en armes dans sa commune et notamment demain et jours suivants. » (1)

« Des vols, pillages, incendies, violences, concussions, contributions forcées et autres délits furent commis dans les municipalités d'Aurillac, Arpajon, Maurs, Saint-Christophe, Marcolès, Leinhac, Vitrac, Saint-Julien-de-Toursac, Saint-Étienne-Cantalès, Saint-Giron, Lacapelle-Viescamp, Ronesques, Ladinhac, Parlan, Giou-de-Mamou, Saint-Mamet, Sénezergues, Siran, Labesserette, Saint-Simon et Badaillac. » (2)

Si du District d'Aurillac, franchissant les montagnes, nous pénétrons dans les Districts de Murat et de Saint-Flour, nous retrouverons la même effervescence, le même esprit révolutionnaire armant une partie de la population contre l'autre partie.

Le 2 avril 1792, le Directoire du District de Murat prit un arrêté « pour obtenir l'envoi de 25 gendarmes dans la ville de Murat, afin d'op-

(1) Procès-verbal des séances de l'administration du Cantal de 1792, page 22.

(2) Procès-verbal des séances de l'administration du Cantal de 1792, p. 41.

poser aux tentatives des malveillants cette nouvelle force combinée avec celle de la garde nationale de notre ville, attendu les menaces faites par plusieurs habitants des paroisses voisines, d'une descente dans la ville de Murat.... Sur quoi le conseil du département... Arrête que cinq des brigades de gendarmerie de la compagnie de Saint-Flour, réunies dans cette dernière ville, seront envoyées incessamment dans la ville de Murat... » (3)

Du 6 au 10 mars 1792, des insurrections éclatent dans la paroisse des Ternes et les communes voisines. Voici comment sont racontés ces évènements dans les registres du Directoire de Saint-Flour :

« Il s'était fait aux Ternes un grand rassemblement des citoyens des communes voisines surtout de Paulhac, qui, égarés par le prétexte d'un faux patriotisme, exigeaient des contributions considérables des citoyens suspects d'aristocratie et les forçaient d'aller à la messe, de faire baptiser leurs enfants et de reconnaître le curé constitutionnel...

Le détachement venu de Paulhac s'est porté dans nombre de maisons où il s'est emparé du

(3) Procés-verbal des séances de l'administration du Cantal de 1792, p. 6.

pain, du vin, viandes salées, beurre, œufs, fromages; les poules, les pigeons, ont été tués à coups de fusil; tout a été dévoré et, après ces ravages, la municipalité des Ternes a encore cotisé arbitrairement ces mêmes particuliers, dont plusieurs très misérables, à payer, les uns 10 francs, d'autres 20, 30, 60, jusqu'à 120 francs et ces sommes ont été levées par le maire qui, à défaut de paiement par certain, a fait enlever les bêtes à laine jusqu'à l'acquittement de cette contribution vexatoire et inouïe. »

Le Directoire du District de Saint-Flour, averti de ces désordres, frappe d'un blâme sévère, dans sa séance de nuit du 8 mars, la municipalité des Ternes qui, loin de maintenir la tranquillité publique, s'était mise à la tête des perturbateurs. Il envoie en outre deux commissaires aux Ternes pour dissiper le rassemblement. Les désordres se prolongeant, le Directoire arrête, dans sa séance du 14 mars, que la municipalité des Ternes serait dénoncée au Directoire du département.

A la séance du lundi, 19 mars, le Procureur-Syndic de Saint-Flour dit : « Qu'il venait d'apprendre par un exprès venu d'Oradour, canton de Pierrefort, qu'un attroupement formé de paysans de différentes communautés, s'était porté au village de Malafosse, et faisait contribuer plusieurs particuliers sous prétexte qu'ils étaient notés d'aristocratie et qu'ils n'assistaient pas aux messes des constitutionnels, que cet attroupement menaçait le château de Rochebrune, voisin du village, que le jour d'hier, lors de la convocation faite à Pierrefort, chef-lieu du canton, pour le recrutement de l'armée, nombre de paysans exigeaient de l'argent de quelques habitants sous le même prétexte ; qu'il a appris aussi que partie des habitants de Malbo, en se retirant de Pierrefort, étaient entrés chez M. de Lastic de Lescure, où ils avaient bu et mangé, qu'aujourd'hui même dans la communauté de Coltines, canton de Tanavelle, il s'est formé un autre rassemblement dangereux et que le salut public exige un remède prompt à ce commencement de guerre civile.

Le Directoire, considérant que l'anarchie est le plus grand de tous les maux, que les insurrections locales qui se propagent dans le District finiraient par l'effusion du sang et toutes les horreurs d'une guerre civile... Considérant qu'on ne saurait se dissimuler que les prêtres anciens fonctionnaires publics et autres non assermentés sont la cause immédiate de ces dissensions, que si l'on peut reprocher à plusieurs prêtres constitutionnels un peu d'intolérance, il est cependant vrai de dire qu'elle n'a été excitée que par les manœuvres coupables et l'opiniâtre rebellion contre les lois de la patrie, des prêtres non assermentés ; qu'il est certain que jamais le calme ne règnera dans les campagnes tant que le peuple sera agitée en sens contraire et que son esprit sera ulcéré par des hommes qui disposent à leur gré de la vie et de la mort éternelles ; que le salut de l'état ne peut s'opérer que par l'éloignement des prêtres réfractaires, a arrêté que MM. Clavière, Procureur-Syndic, Bonnault, maire, et Beaufils, premier officier municipal, se rendront, demain matin, à Oradour, et que MM. Boussage, administrateur du Directoire, Missonier, officier municipal, et Richard, procureur de la commune de Saint-Flour, se rendront aussi, demain matin, à Coltines pour dissiper ces attroupements : arrête aussi qu'expédition du présent arrêté sera envoyée aux MM. du Directoire du département qui sera prié de prendre en considération l'état critique de nos campagnes qui empire journellement, et qui fait présager les plus grands dangers à l'approche de la quinzaine de Pâques. »

Pour se disculper de n'avoir pas empêché les attroupements, les officiers municipaux de Coltines prétendirent que ces attroupements n'avaient d'autre but que le maintien de la Constitution. Voici la lettre burlesque qu'ils écrivirent au directoire de Saint-Flour :

« Coltines le 26 mars 1792. Nous sommes bien aises de vous faire savoir qu'il y a un attroupement dans notre paroisse, où il y a plusieurs habitants des municipalités voisines, et qu'on s'est porté dans la maison du sieur Tassy et qu'on demande une somme dont nous n'avons pas encore connaissance et que les habitants ne voudront pas se retirer sans cette somme, afin de pouvoir faire vivre cet attroupement, de manière que ces gens-là ne se sont rassemblés que pour maintenir la Constitution et donner plus d'éclat à la loi. » (1)

Le 26 mars, le procureur-syndic dit que des attroupements se sont produits dans les communes de Sainte-Marie et de Talizat, que les désordres ont recommencé à Coltines, qu'on exige partout des contributions des personnes suspectes d'incivisme.

Le Directoire envoya des commissaires dans toutes les communes troublées et rédigea une adresse aux habitants du district de Saint-Flour.

« Citoyens, dit l'adresse, nous avons repoussé

(1) *La Révolution* par Taine, tome 2, p. 177.

longtemps avec horreur la nouvelle qui nous parvenait de toute part que les habitants de plusieurs communes de ce district avaient pu être égarés au point de porter la désolation et l'effroi dans les paroisses voisines...

Vous dites que vous ne cherchez qu'à maintenir la Constitution en forçant tous les habitants à reconnaître les prêtres sermentés et à se rendre dans les églises nationales ; vos intentions sont bonnes, mais les moyens criminels... vous voulez la liberté et vous exercez la plus cruelle tyrannie. Partout où vos pas se sont portés on gardera le souvenir de votre passage comme celui d'un torrent destructeur. »

Le jour où fut envoyé cette adresse, 29 mars, le Directoire apprend, qu' « un attroupement considérable s'est porté au lieu de Ligonès, paroisse de Ruines, et qu'il est à craindre qu'il ne s'y commette des dégâts et des pillages. »

Le château de Ligonès avait été enlevé à son propriétaire et déclaré bien national ; le Directoire y fit apposer les scellés sur tous les bâtiments nationaux afin de les préserver du pillage.

A Chaudesaigues, « des volontaires veulent enfoncer une porte, puis tuer un de leurs camarades opposants, que le commissaire sauve en le couvrant de son corps. C'est le maire Sauret qui, revêtu de son écharpe, les conduit chez les aristocrates, en les exhortant au pillage ; ils entrent de force dans diverses maisons et exigent du vin.

Le lendemain, à Saint-Urcize, ils enfoncent la porte du ci-devant curé, dévastent ou pillent sa maison, et vendent ses meubles à différents particuliers de l'endroit. Même traitement infligé au sieur Vaissier, maire, et à la dame Lavalette ; leurs caves sont forcées, on porte les barriques sur la place et on boit au robinet. Ensuite, les volontaires vont par bandes dans les paroisses du voisinage contraindre les habitants à leur donner des effets ou de l'argent.

Le commissaire et les officiers municipaux de Saint-Urcize, qui ont essayé de s'entremettre, ont failli être tués, et n'ont été sauvés que grâces aux efforts d'un détachement de cavalerie régulière. Quant au maire jacobin de Chaudesaigues, rien de plus naturel que ses exhortations au pillage ; lors de la vente des effets des religieuses, il avait écarté tous les enchérisseurs et s'était fait adjuger les effets à vil prix. » (1)

(1) *La Révolution* par Taine, t. 2, p. 354.

CHAPITRE X

TROUBLES RELIGIEUX A LADINHAC : LES CONFESSEURS DE LA FOI, TROTAPEL, DELPONT, LANTUÉJOUL, NOYRIT, LAFARGE, GLADINES,

La lutte entre les catholiques et les schismatiques prenait chaque jour un caractère plus violent. Citons encore quelques traits :

La paroisse de Ladinhac, canton de Montsalvy, avait pour curé Joseph Trotapel, un vénérable vieillard, dont les forces usées dans le saint ministère allaient s'affaiblissant chaque jour, ce qui avait porté l'autorité ecclésiastique à lui donner deux vicaires dont l'un était Jean-Baptiste Delport, natif de Vieillevie, et l'autre Lantuéjoul, jeune prêtre du hameau de Lamilie, commune de Marcolès.

Ces trois prêtres refusèrent le serment schismatique et furent remplacés par l'intrus Jean-Claude Bastide dont l'institution prétendue canonique fut signée le 13 mai 1792 par Thibault, évêque constitutionnel. (1)

(1) Registre des institutions canoniques.

L'installation de ce faux pasteur donna lieu à une vive manifestation de la part des habitants qui ne voulaient point du ministère d'un parjure. Ce fut à tel point qu'on se vit obligé d'appeler la garde nationale d'Arpajon pour le faire accepter. Tout fut inutile. L'intrus, repoussé, poursuivi de quolibets et de menaces, fut obligé de quitter la paroisse. Un autre intrus, Cantuel, ne fut pas plus heureux.

Ce dernier se fit accompagner à Ladinhac par le sieur Couderc, d'Aurillac, et par Milhaud, le chef des bandes incendiaires.

L'installation eut lieu le 8 avril 1792, le dimanche de Pâques, en présence de deux officiers municipaux seulement et de quelques rares habitants, les plus exaltés, les têtes chaudes du pays. Les deux acolytes du nouveau pasteur, Couderc et Milhaud s'étant aperçu pendant et après la cérémonie, qu'ils n'étaient pas en sûreté au milieu de cette population frémissante, prirent le parti de se retirer le jour même, peu satisfaits de la réception qui leur avait été faite par le maire Gaston et les municipaux, lesquels hautement disaient qu'on aurait dû les saisir, les désarmer et les conduire attachés à Aurillac.

La position de l'intrus n'était pas tenable,

logé à l'auberge du sieur Guy, harcelé de tous côtés, il donna sa démission.

Le jeudi suivant, 12 avril, Pierre Lagarde, officier municipal de Ladinhac, Guillaume Fau, François Lestrade et Jean Audonis, citoyens de la même paroisse, se rendirent à Aurillac pour faire leurs plaintes aux membres du Directoire. Ils leur racontèrent « que le fanatisme continuait ses ravages dans la paroisse de Ladinhac ; que le sieur Cantuel, troisième curé élu pour cette paroisse, ayant été installé dimanche, 8 du courant, deux officiers municipaux seulement s'étaient rendus à cette installation avec un très petit nombre d'habitants..., que le sieur Cantuel avait été l'objet de plusieurs dérisions, que les patriotes de la paroisse avaient été menacés ; que l'auberge du sieur Guy, où était logé le sieur Cantuel, avait été assaillie à plusieurs reprises, le jour et la nuit, par des gens qui lançaient des pierres contre la porte ; que la serrure de cette porte avait été forcée et que sans la résistance de ceux qui étaient dedans, les assaillants auraient pénétré dans la maison..., que le mardi, troisième fête de Pâques, pendant que le curé disait la messe, plusieurs de ceux qui composent la garde nationale faisaient des dérisions autour de l'église et disaient à ceux qui y entraient pour l'entendre, qu'ils étaient des huguenots, que le sieur Cantuel n'était pas légalement pourvu; qu'à la sortie de cette messe la nommée Pourtou, veuve, du village de Trémouille, fut arrêtée par la garde nationale et conduite au corps de garde où elle fut détenue environ une heure, qu'on en fit autant du fils Brueyre, fermier du village de Trémouille; que la veuve Pourtou fut obligée de donner cinq sols et Brueyre cinq livres; que tous ceux qui avaient entendu cette messe furent tournés en dérision, qu'on leur répétait sans cesse qu'ils se damnaient et que le nouveau curé était un diable sorti de l'enfer; que si tous les citoyens voulaient s'entendre il en serait du sieur Cantuel comme du sieur Bastide, qu'il serait obligé de s'en retourner; que peu de temps après la messe, Jean Laborie, du village de Bachau, était monté sur le mur du cimetière, disant à haute voix qu'il n'y avait que cinq ou six personnes qui empoisonnaient toute la paroisse et qui soutenaient un mauvais sujet, menaçant le sieur Guy, chez lequel le sieur Cantuel était logé, en lui disant qu'il la paierait et que la paroisse devrait brûler sa maison; ils ajoutent que ce sont ces menaces et ces insultes qui ont engagé le sieur Cantuel à se retirer; que pendant son séjour, le maire ni les officiers municipaux ne se sont présentés à lui et n'ont fait aucune démarche pour empêcher les propos, les menaces, les dérisions et les voies de fait dont il a été l'objet ; qu'après son départ, le maire, les officiers municipaux, leurs adhérents et les deux vicaires insermentés s'étant réunis sur la place publique, se réjouissaient de ce départ et disaient que le sieur Cantuel ne voulait pas revenir, qu'on s'en passerait bien... » (1)

Cette déposition entendue, le Directoire arrêta « qu'un commissaire civil serait envoyé à Ladinhac, assisté par les gardes nationaux de la compagnie d'Aurillac, pour informer sur les faits rapportés et au besoin dissoudre la garde nationale de Ladinhac, que le sieur Cantuel, serait invité à retirer sa démission et à se rendre avec le commissaire à Ladinhac pour y continuer ses fonctions sous la protection des lois, qu'un certain nombre de gardes nationaux seraient placés à Ladinhac aux frais de la paroisse jusqu'à ce que la tranquillité publique y serait rétablie. » (2)

Cantuel rentra-t-il à Ladinhac? Je l'ignore. Quoi qu'il en soit, les mesures violentes qui venait de prendre le Directoire obtinrent un calme apparent, mais en réalité l'exaspération contre

(1) Registre du Directoire d'Aurillac.
(2) Registre du Directoire d'Aurillac.

le nouveau culte n'en devint que plus générale, plus vive, seulement la population terrifiée gémissait en silence et allait en cachette demander à ses pasteurs légitimes les secours de la religion.

M. Reyt, dans sa *Vie de M. Noyrit*, prétend qu'en 1792 un nouvel intrus fut élu pour la cure de Ladinhac.

« Dans le mois de septembre 1792, dit-il, la persécution redoubla de violence, incarcéra les prêtres fidèles de Ladinhac et les remplaça par un intrus que nous appellerons Lebuisson en altérant quelque peu son nom. »

Cet intrus natif d'Ayrens eut le sort des autres schismatiques. « Il n'entendait autour de lui que des murmures et des malédictions ; les menaces et les dérisions de tout genre l'assiégeaient sans cesse dans le presbytère et même dans l'église ; la force armée intervint ; cela ne servit qu'à aigrir les esprits de plus en plus contre le faux pasteur ; qu'à rendre sa situation intolérable et à précipiter son départ. »

La terreur était à son comble dans le pays. Le château de la Salle, à Ladinhac, venait d'être dévasté par les bandes de Milhaud ; celui de Montlogis, sur la même paroisse, était devenu la proie des flammes et ses propriétaires Monsieur et Madame de Chaunac fuyaient emportant leurs deux petits enfants dans un panier sur une ânesse.

Le curé et les vicaires de Ladinhac fuyaient aussi. Avec eux et comme eux se cachait un autre prêtre, un saint, M. l'abbé Noyrit, dont la vie a été écrite par un de ses compatriotes, M. Reyt, chanoine honoraire de Saint-Flour.

Jean-François Noyrit naquit en 1766, à Ayrens, canton de Laroqueborou. Il était diacre quand les séminaristes de Saint-Flour, par suite du refus de serment de leurs professeurs, quittèrent le grand séminaire et rentrèrent dans leurs familles. M. Noyrit, voulant continuer ses études théologiques et devenir prêtre, s'adressa à un de ses amis de collège, M. Lantuéjoul, vicaire de Ladinhac, dont la science ecclésiastique était à la hauteur de la vertu.

Ce dernier, ne pouvant plus constitutionnellement exercer ses fonctions de vicaire, depuis l'arrivée successive des intrus, passait son temps tantôt à Ladinhac, tantôt dans sa famille, à Marcolès, apportant aux fidèles les secours de la religion, malgré les criailleries et les fureurs des patriotes du pays.

Il accueillit avec bonté le jeune diacre et lui donna des leçons de théologie. Mille fois l'élève et le professeur furent mis en alerte par les gendarmeries et les patriotes. Un jour l'abbé Lantuéjoul fut surpris et arrêté par les gendarmes. Son élève s'échappa par une croisée et alla annoncer cette triste nouvelle aux habitants de Marcolès. Toute la population s'indigna, et lorsque les gendarmes arrivèrent, ils furent entourés par une foule de femmes irritées, qui leur arrachèrent le prisonnier.

Quelques temps après, l'abbé Lantuéjoul, saisi de nouveau et entraîné, inspira tant de respect aux ministres de la loi, que ceux-ci, arrivés au milieu du trop fameux bois de Rouzade, entre Marcolès et Roannes, lui permirent de se sauver et de rentrer chez lui.

C'est dans ces tristes péripéties que se passa l'année 1791.

« Vers le commencement de l'année 1792, M. Lantuéjoul jugea son élève digne de la consécration sacerdotale et en donna avis à M. de Rochebrune, vicaire-général. Celui-ci répondit que Mgr de Ruffo, étant parti pour l'exil, avait chargé Mgr de Bonal, évêque de Clermont, de conférer les ordres à ceux de ses clercs qui leur seraient présentés. De son côté il approuvait avec bonheur l'ordination de M. l'abbé Noyrit et lui envoyait les papiers nécessaires pour le faire agréer à Mgr de Bonal qui se trouvait alors à Paris. » (1)

M. Noyrit se rendit à Paris et fut ordonné clandestinement avec M. Daugny, troisième de nom, mort curé de Labrousse. On ignore la date et les circonstances de cette ordination.

Devenu prêtre, l'abbé Noyrit rentra à Ayrens et là, malgré la persécution, malgré les tracasseries des jureurs et les contrariétés de toutes sortes, il administra les sacrements aux fidèles et célébra la messe dans les maisons, les granges ou les chapelles privées ; mais trop connu des patriotes de son pays natal, il s'éloigna pour éviter une arrestation inévitable et alla se cacher dans les paroisses voisines principalement dans celle de Ladinhac où il rencontrait souvent dans la solitude son ami et son maître, l'abbé Lantuéjoul.

Les paroisses d'Ayrens et de Ladinhac ne suffisaient pas à son zèle. « Il courait, dit son biographe, dans celles de Saint-Cernin, de Saint-Illide, de Saint-Santin, de Saint-Victor, de Saint-Paul, de Crandelles, de Teissières, car il ne savait se refuser à personne. C'est là ce que nous prouvent des actes de catholicité, écrits

(1) *Vie de M. Noyrit*, page 27.

et signés de sa main pour ces diverses paroisses. Mais plus il s'écartait, plus il multipliait ses ennemis et ses périls et de là vient qu'il a partout laissé le souvenir de son zèle avec celui de ses services et de ses dangers. »

L'abbé Noyrit et ses confrères Lantuéjoul, Delport et Trotapel étaient soutenus, encouragés dans leur lutte contre le schisme et la démagogie par l'exemple de trois vénérables prêtres qui édifiaient le pays par une héroïque fermeté et une admirable résignation dans les souffrances.

Le premier était l'abbé Rochet dont nous avons parlé dans le chapitre XI du IVe volume.

Le second, l'abbé Lafarge, natif de Freix-Anglards, était l'ami et le condisciple de M. Noyrit. Leurs relations étaient intimes, mais avec la persécution, elles devinrent encore plus tendres et tout à fait fraternelles. Ils se voyaient souvent, et souvent aussi M. Noyrit avait soutenu et relevé le courage de son confrère, car ce dernier, malgré sa piété ardente, avait moins de fermeté dans le caractère, que la maladie et de funestes accidents avaient encore affaibli.

Les angoisses de la persécution, quelques peines de conscience et des privations de tout genre finirent par le clouer sur un lit de souffrance. Pendant plusieurs mois que dura sa maladie, l'ami fidèle lui fit de fréquentes visites, aux prix des plus grands dangers, et n'épargna rien pour ouvrir les portes du ciel à cette chère âme, si sœur de la sienne. L'abbé Lafarge mourut enfin dans ses bras et dans la paix du Seigneur.

Sa famille a conservé le souvenir le plus reconnaissant de M. Noyrit et de tous les services rendus à leur cher défunt, ainsi qu'à tous les habitants de la maison. Elle nous a parlé très longuement de cet excellent prêtre et nous a montré la cachette où les deux amis se retiraient comme deux malfaiteurs. » (1)

Le troisième, Guillaume Gladines, oncle de M. Lantuéjoul, né comme lui au hameau de Lamilie, était du nombre des prêtres communalistes de Marcolès, lesquels faisaient les fonctions de vicaires. Il est porté sur la liste des émigrés en ces termes « Gladines Guillaume ci-devant vicaire de Marcolès. »

Vivaient dans la région, deux autres Gladines; Jean Gladines, de Vitrac et Pierre Gladines, domicilié à Junhac, portés sur la liste des émigrés; sur lesquels nous n'avons aucun renseignement.

(1) *Vie de M. Noyrit.*

En 1792 Guillaume Gladines, âgé de 76 ans, n'étant pas sujet à la déportation, fut enfermé à Aurillac au couvent du Buis, transformé en prison. Voici ce que nous lisons à ce sujet dans le registre de la municipalité de Marcolès :

« Séance du 13 septembre 1792 ; s'est présenté devant nous, officiers municipaux soussignés, le sieur Guillaume Gladines, prêtre du hameau de Lamilie, paroisse de Marcolès, âgé de 76 ans, lequel pour satisfaire à la loi du 26 août dernier, a dit, qu'attendu son grand âge, ses infirmités, sa surdité et ses cors aux pieds, il se voyait dans l'impuissance de pouvoir non seulement sortir du royaume mais même du ressort du département du Cantal et de pouvoir se rendre lui-même à pied, ni à cheval, au chef-lieu du département ; qu'au surplus, si le département ou la municipalité de Marcolès exigeaient absolument son transport au chef-lieu, il se soumettait de s'y faire transporter dans une charette, mais qu'attendu son grand âge et ses infirmités, il priait la municipalité de vouloir bien permettre qu'il restât chez lui, aux offres et soumissions qu'il fait de ne rien dire contre la Constitution, ayant été toujours réservé à cet égard, de ne point dire de messe, de ne faire aucune fonction publique, n'en ayant pas fait dans la paroisse depuis plus de trente ans ; qu'en conséquence il priait la municipalité d'être son organe auprès des messieurs du département pour qu'il soit autorisé à rester chez lui aux soumissions ci-dessus ; que s'il était obligé de quitter son domicile, il serait privé de tous secours humains, n'ayant chez lui qu'une nièce tendre qui veille à son entretien et le soulage dans ses infirmités.

En conséquence, nous, officiers municipaux soussignés, certifions l'âge et les infirmités ci-dessus assignés par le sieur Gladines, ne prenant cependant pas à notre charge de le garder si tel est l'avis des messieurs du département et du District, que nous prions de vouloir bien nous donner de suite. Et a ledit Gladines signé avec nous, et sera un extrait en forme des présentes, envoyé, collationné par notre secrétaire, au département. Signé Gladines, prêtre ; Miquel, maire ; Pichot, Debès, Vidalenc, Bayssou ; secrétaire ».

La réponse des messieurs du département ne fut pas favorable et le vénérable vieillard fut obligé de se faire transporter au dépôt à Aurillac, c'est-à-dire dans la maison du Buis, où étaient entassés les prêtres du Cantal qui, à cause de leur âge, n'étaient pas condamnés à la déportation.

Quelques semaines plus tard, le 18 novembre 1792, la municipalité de Marcolès dressant un état des personnes suspectes et des prêtres réfractaires de la commune, donne sur le vieux prêtre la note suivante : « Quant à Guillaume Gladines, prêtre, âgé de 76 ans et infirme, il n'a pas discontinué d'habiter Marcolès, audit hameau de Lamilie, si ce n'est depuis le premier arrrêté du département relatif au dépôt des prêtres, qu'il a disparu de la paroisse, qu'il ne faisait que dire la messe. »

Plus tard rendu à la liberté, Guillaume Gladines retourna au lieu de sa naissance ; les dépenses occasionnées par les malheurs du temps l'avaient mis dans un état voisin de la misère.

« Malgré sa triste situation, dit le chanoine Reyt, il trouva un refuge dans la maison Théron, du bourg de Marcolès, qui le nourrissait avec le concours de madame Pichot. On raconte qu'il vivait constamment dans le grenier et passait aux yeux des petits enfants de la famille pour un oncle malade, qu'il fallait bien se garder de déranger.

Après la chute de Robespierre, lorsqu'il put quitter sa retraite, il demanda à ses hôtes comment il pourrait les récompenser de l'inestimable bienfait de leur hospitalité ; ces nobles cœurs le supplièrent de les bénir, eux et leurs enfants, et ne voulurent pas accepter d'autre récompense. En appelant sur cette famille toutes les bénédictions du Ciel, le saint prêtre laissa couler de douces larmes et tous les assistants en versèrent comme lui. Cette scène émouvante vit encore dans la mémoire des habitants de Marcolès. » (1)

(1) *Vie de M. Noyril.*

CHAPITRE XI

ARRESTATION DE L'ABBÉ NOYRIT. — LES VOLONTAIRES A LADINHAC. — CONFISCATION DU MOBILIER DES PRÊTRES.

L'année 1793 était arrivée sombre, triste, terrible. Nos confesseurs de la foi, qui n'avaient pas voulu quitter nos populations chrétiennes et s'exiler, furent poursuivis, traqués comme des bêtes fauves.

Le 7 mars 1793, l'abbé Noyrit s'était rendu au village de Sérieys portant le saint viatique, lorsque tout à coup, à l'entrée du village, il se trouve en face des gendarmes ; il ne se trouble pas, leur déclare qui il est, et leur demande un instant pour aller remplir son ministère sacré auprès du malade. Les exécuteurs de la loi lui répondent qu'ils ont le pénible devoir de l'arrêter et de le conduire directement en prison, ce qu'ils font en effet. Le saint prêtre fut enfermé à Aurillac, au château de Saint-Etienne ; on dit qu'il fit déposer la sainte hostie par les gendarmes entre les mains de M. l'abbé Revel, caché à Aurillac.

Au sujet de l'arrestation de l'abbé Noyrit, voici la décision que prit le Directoire du département :

« Le 18 ventose an 1er (8 mars 1793) de la République, plusieurs gendarmes d'Aurillac sont entrés avec un prêtre par eux arrêté, et ont remis le procès-verbal, duquel il résulte que, s'étant rendus au village de Sérieys, paroisse d'Ayrens, ayant aperçu un citoyen qui s'évadait à leur approche, ils l'ont joint et questionné. Il leur a déclaré être prêtre, avoir été ordonné par le ci-devant évêque de Clermont et ne pas reconnaître les évêques nouvellement élus ; ils se sont décidés à le conduire auprès de cette administration.

Le Directoire, considérant que l'opinion publique a dénoncé ce prêtre, nommé Jean-François Noyrit pour être un fanatique outré (lisez : prêtre zélé), d'avoir mis tout en usage pour troubler l'ordre dans la paroisse de Ladinhac, et que la plupart des citoyens présents ont observé que, s'il était mis temporairement en liberté, il ne serait pas possible de lui faire exécuter la loi, ni de le rejoindre ;

Considérant qu'il résulte des réponses du dit

Noyrit qu'il n'a été promu à la prêtrise que depuis un an par le ci-devant évêque de Clermont, dans une maison privée à Paris, au mépris des dispositions de la loi du 26 décembre 1790 ; que ce prêtre est d'autant plus dangereux et ses maximes d'autant plus perverses qu'il n'a pas craint d'avancer dans sa réponse qu'il ne reconnaissait d'autre évêque dans ce département que le sieur de Ruffo... qu'il importe pour la sûreté publique de s'assurer de ce prêtre.

Arrête :

1° Que ce prêtre sera conduit au Directoire du District d'Aurillac pour y déclarer le pays étranger où il entend se retirer.

2° Que dans la huitaine il sera conduit de brigade en brigade jusqu'à la frontière qu'il aura indiquée. »

Soit que l'administration ait dépassé ses pouvoirs, soit que des personnes influentes aient acheté à prix d'argent la liberté de M. Noyrit, le prisonnier fut racheté, et reparut dans son pays, plus fortement résolu à dépenser ses forces et sa vie au bien spirituel des âmes.

Nos prêtres étaient poursuivis avec une fureur sauvage, et qu'on le remarque bien, on n'employait pas à cette triste besogne seulement les gendarmes et les gardes nationaux mais encore ces bataillons de volontaires du Cantal que l'on avait organisés pour aller pourfendre l'ennemi à la frontière. On préférait les envoyer a la chasse des prêtres et des nobles, et au pillage des maisons et des châteaux.

Voici copie intégrale d'un ordre donné aux volontaires du Cantal de faire des perquisitions dans la commune de Ladinhac, copie que nous avons prise sur les registres du *Comité du Salut public*, d'Aurillac :

« Du 17 avril 1793. Le citoyen commandant le troisième bataillon des volontaires du Cantal, est requis, au nom de la loi, de donner les ordres nécessaires à un officier de confiance dudit bataillon de se rendre avec un détachement suffisant de volontaires au lieu de Ladinhac afin 1° de se saisir du nommé Trotapel, ci-devant curé de cette paroisse, qu'on sait être caché dans le ci-devant château et maison forte de Ladinhac, ainsi que le nommé François Delpuech et la nommee Marguerite, ancienne domestique et servante du dit Trotapel, lesquels seront pareillement capturés et conduits auprès de l'administration du Cantal ;

2° De requérir ledit Trotapel ou tous autres, qui pourraient se trouver dans ledit lieu, d'ouvrir toutes armoires, cabinets, chambres et autres lieux où il pourrait se trouver la correspondance de tout genre appartenant soit au propriétaire du château, soit audit Trotapel ou à tous autres, pour être transmise au *Comité du Salut public* et en cas de refus d'ouverture des cabinets, etc., de les faire ouvrir au moins dommageable et finalement de faire la recherche et capture de tous prêtres réfractaires et autres personnes. Pons (et deux autres signatures illisibles). »

Les volontaires se mettent donc en route et Dieu sait les dégâts, les maraudages qu'ils commirent dans le pays. Le lendemain, ils arrêtèrent trois personnes, peut-être un plus grand nombre, mais je n'ai pu constater que cette arrestation qui est certifiée sur les registres du *Comité du Salut public*, d'Aurillac, en ces termes :

« Le 18 avril les nommés Boissière, frères, et la nommée Marguerite ont été arrêtés et mis en la maison d'arrêt. »

Le danger grandissait tellement que les abbés Lantuéjoul et Noyrit jugèrent nécessaire de s'éloigner.

« Tous les deux, dit M. Reyt, profitèrent des ténèbres de la nuit pour gagner les bords de l'Auze, entre Cassaniouse et le Prat. Ces côtes étaient si escarpées qu'on les regardait comme des retraites inaccessibles aux agents de la persécution. Aussi voyait-on de nombreux prêtres fidèles qui vivaient dans cette affreuse solitude comme dans une nouvelle Thébaïde. Les villages du Murgat et de Rieucargue, situés sur la rive gauche de l'Auze, donnèrent surtout l'hospitalité à ces vénérables proscrits ; on y conserve encore le souvenir de Mlle Veyrine, d'Aurillac, qui consacra la maison qu'elle possédait dans ces lieux, à abriter les confesseurs de la foi, et fit aussi d'énormes sacrifices pour leur donner le pain de chaque jour. Les gendarmes finirent par connaître cet asile des persécutés et cherchèrent à les surprendre. Mais les gens du pays s'entendaient pour les protéger et les avertir de se réfugier en lieu sûr.

Les agents de la loi ne pouvaient arriver dans ces villages que par le chemin de Cassaniouse et par le hameau de la Fontenelle. En les voyant venir, les habitants de cette localité, selon le mot d'ordre convenu, criaient à leurs voisins de Murgat et de Rieucargue que certains animaux malfaisants dévastaient leur jardin. A ce cri d'alarme les prêtres infortunés partaient aussitôt et se réfugiaient dans des précipices affreux ou dans des cavernes, mieux faites pour abriter des fauves que des hommes, mais qu'on regardait comme de précieux refuges.

La violence de la persécution obligea l'abbé Noyrit d'aller encore plus loin et de se retirer sur les côtes abruptes du Lot, jusqu'aux environs de Saint-Parthem, dans l'Aveyron. Les bons vignerons de ce pays témoignaient aux confesseurs de la foi un dévouement à toute épreuve et qu'aucun sacrifice ne rebutait. Les proscrits en conservèrent le plus doux souvenir. »

Ces prêtres fidèles, durant les années 1793, 1794, recevaient dans leurs retraites l'écho des coups qui brisaient les cloches, démolissaient les clochers ; on leur apportait clandestinement les sinistres nouvelles de l'aboltion de tout culte, du pillage des églises, et de la mort sur l'échafaud de leurs confrères de l'Auvergne et de la France.

Tous ces prêtres susnommés sont portés sur la liste des émigrés, leurs biens meubles et immeubles confisqués, au profit de la nation. On en faisait l'inventaire et on les vendait aux enchères publiques.

Jean Lantuéjoul et sa femme, Marie Roquebolane, père et mère de l'abbé Lantuéjoul, voulurent soustraire à la rapacité révolutionnaire une partie du mobilier de leur fils et de leur oncle, le vénérable abbé Gladines. Avant que le régisseur des biens nationaux eût fait l'inventaire de ce mobilier, ils formèrent un paquet de plusieurs objets et allèrent le cacher chez le sieur Pons, de Marcolès. Environ un an après, ce paquet fut découvert. Voici le procès-verbal de cette trouvaille qu'en fit la municipalité de Marcolès :

« Aujourd'hui, 21 octobre 1793, l'an 2 de la rép. une et ind. Le Conseil général permanent de la commune de Marcolès tenant, Guillaume Delaqui, membre dudit conseil, est entré et a dit qu'assisté d'un détachement de la garde nationale de cette commune en réitérant et continuant ce matin les visites domiciliaires et perquisitions commencées le jour d'hier à l'occasion du vol fait la nuit du 18 au 19 du courant des vases sacrés dans l'église et la sacristie de Marcolès, il a, en faisant recherche dans le faubourg Saint-Martin de cette ville, trouvé un gros paquet enveloppé dans un drap de lit sale dans le grenier de la maison d'habitation de Jean Pons journalier dudit faubourg, lequel paquet il a fait porter dans la présente maison commune et conduit le dit Pons aussi dans ladite maison et ledit Pons ici présent nous a dit que le paquet lui avait été remis et porté pendant la nuit à peu près dans le carême dernier et dans le temps qu'on faisait la recherche des prêtres réfractaires, par Marie Roqueboulane femme de Jean Lantuéjoul du hameau de Lamilie de cette paroisse et Marie Lantuéjoul sa servante et nièce, lequel paquet étant ployé et cousu avec du fil blanc, que ladite femme Lantuéjoul le pria de lui garder ce paquet, en lui disant que c'était des nappes st des draps de lit à elle appartenant que ledit Pons lui dit qu'il ne se souciait pas de ce dépôt et qu'elle eût à le reprendre, mais que sur les instances réitérées de la Roqueboulane, il eut la faiblesse de s'en charger et n'a jamais examiné ce qu'il y avait dedans.

Et à l'instant ayant déployé le paquet en présence dudit Pons, nous y avons trouvé un gros bréviaire en gros caractère et d'une moyenne grandeur avec deux rabbas de prêtre dedans.

Plus un manuscrit contenant un sermon qui nous a paru être écrit de la main de Guillaume Lantuéjoul prêtre réfractaire, ci-devant vicaire de Ladinhac, fils desdits Lantuéjoul et Roqueboulane ; plus un autre manuscrit contenant un sermon sur le service de Dieu ; plus un autre sur la contrition ; plus un petit livret en latin coutenant les cas réservés du diocèse de Saint-Flour. A la première page est écrit : *ex libris Guilluni Lantuéjoul presbiteris, anno Domini*

1788, à la fin duquel est une prorogation de pouvoir pour confesser, du 1er janvier 1791, signé Jalinques, vicaire général official ; plus un autre manuscrit qui nous a paru de la main de Guillaume Gladines, prêtre à présent au dépôt au Buis à Aurillac, oncle dudit Lantuéjoul et Roqueboulane, plus un autre manuscrit contenant un prône pour le dernier dimanche d'après la Pentecôte.

Et en continuant la description dudit paquet, s'est présenté devant nous ladite Marie Roqueboulane à laquelle ayant demandé si elle reconnaissait le dit paquet, elle a répondu que oui et qu'il contenait des effets appartenant aux dits Gladines et Lantuéjoul, prêtres, ses oncle et fils, qu'elle n'avait pas cru faire un mal de le déposer chez ledit Pons.

Plus en continuant la vérification avons trouvé une liste contenant des messes basses acquittées ou à acquitter, à la chapelle de Saint-Eutrope, écrite de la main dudit Guillaume Gladines, prêtre ; plus une autre petite liste datée du mois de septembre 1792, écrite de la main du dit Gladines ; plus une autre liste de messes hautes acquittées et non acquittées, écrite de la main dudit Gladines. Plus une autre liste de messes basses contenant cinq feuillets écrits de la main de Gladines, dont une petite partie acquittée. Plus un autre manuscrit écrit de la même main intitulé : catalogue des saints pour faire l'élection du saint protecteur du mois. 1777. Plus un paquet de manuscrits écrits de la main dudit Lantuéjoul, prêtre, et dudit Gladines contenant plusieurs sermons et prônes, et livres de dévotion ainsi que neuf livres intitulés *journal politique.*

Plus un porte feuille de cuir jaune dans lequel est renfermé un mémoire de tous les livres dudit Lantuéjoul. Plus la copie d'une lettre de M. Audurand, membre de l'Assemblée nationale à M. Gernier accusateur public auprès du tribunal du District de Ville-franche d'Aveyron. Paris 13 sept. 1791. Plus des recettes pour confitures. Plus un certificat de la municipalité de Ladinhac du 16 août 1791 comme quoi ledit Lantuéjoul n'était pas compris dans leurs rôles.

Plus des certificats de classes et extraits de baptême dudit Lantuéjoul que nous avons remis dans ledit porte feuille. Plus un autre bréviaire pareil à celui ci-dessus énoncé. Plus un grand parchemin signé Destaing notaire. Plus dans une serviette sont contenus neuf purificatoires et deux amicts. Plus un petit livre intitulé le *Combat spirituel.* Plus un autre intitulé *Thesaurus sacer-*

dotum. Plus le 3e tome du *Journal des saints*. Plus une longue vue. Plus quatre bourses contenant des corporaux des palles et dans une, des amicts. Plus une petite boite de carton contenant des rabbats, petites croix et peignes. Plus une autre boite moyenne de carton contenant plusieurs grandes hosties. Plus un chapeau presque tout neuf que ladite Roqueboulane nous a dit appartenir au dit Gladines son oncle. Plus un autre chapeau un peu usé qu'elle nous a dit appartenir au dit Lantuéjoul son fils. Plus un sac à poudre avec la houppe. Plus un paquet contenant douze chemises de toile commune et un peignoir ployé dans une nappe. Plus le drap de lit dans lequel sont contenus tous les susdits effets et dans lequel nous avons le tout remis pour être le tout porté au département à Aurillac et le dit Pons y être aussi conduit par la garde comme receleur desdits effets et ayant sommé ladite Roqueboulane de signer, elle a dit n'être nécessaire et ledit Pons a déclaré ne savoir signer. Signé: Rouquier, maire. »

Quelques jours après la rédaction de cet inventaire, dans la séance du 9 novembre, les municipaux de Marcolès arrêtent : « que les effets inventoriés plus haut de Guillaume Gladines actuellement reclus dans la maison du Buis et de Guillaume Lantuéjoul qui a disparu depuis quelque temps de cette commune, seront voiturés à Aurillac par des bouviers escortés de gardes nationaux. » Cet arrêté fut exécuté. Pons lui-même fut incarcéré à Aurillac, coupable d'avoir recelé des objets déclarés biens de la nation.

L'année 1795 donna un moment de répit aux confesseurs de la foi, mais la persécution recommença bientôt et en janvier 1798 on retrouve MM. Delport et Lantuéjoul entre les mains des gendarmes. Voici ce qui fut statué à leur égard:

« Séance du 12 pluviôse an 6 (31 janvier 1798). L'administration du département du Cantal... Considérant que les prêtres Jean-Baptiste Delport et Guillaume Lantuéjoul n'ayant pas prêté les serments prescrits par les lois de 1791, 1792, 1793, sont par là même atteints par la loi du 19 fructidor... qu'en conséquence ils auraient du sortir du territoire de la république dans le délai de la quinzaine à compter de sa publication et que cette désobéissance à la loi est punie de la déportation... arrête que les susdits seront conduits sous bonne escorte dans la maison d'arrêt de Tulle pour delà être transférés à Rochefort... »

Cet arrêté fut envoyé à la gendarmerie avec la lettre suivante :

« Aurillac le 14 pluviôse an 6 (2 février 1798). Le président de l'administrâtion du département du Cantal au citoyen capitaine commandant de la gendarmerie nationale du département. Je vous envoie, citoyen, une expédition de l'arrêté de cette administration du 12 du présent mois (31 janvier 1798), qui porte que Jean-Baptiste Delport et Guillaume Lantuéjoul, prêtres insermentés, détenus dans la maison d'arrêt de la commune d'Aurillac seront conduits sous bonne et sûre escorte dans la maison d'arrêt de celle de Tulle pour de là être transferrés à Rochefort. Elle vous invite à vous conformer au contenu de cet arrêté. Salut et fraternité. Besse. »

Delport et Lantuéjoul furent donc dirigés sur Tulle et de Tulle sur Rochefort ; mais en chemin, passant dans une forêt, ils trouvèrent le moyen de s'échapper et rentrèrent en Auvergne, où bientôt, la tourmente se calmant, ils reparurent au grand soleil. M. Delport devint curé de Ladinhac où il demeura presque jusqu'à sa mort qui arriva en 1835 (1).

(1) Delport, ancien desservant de Ladinhac, âgé de 73 ans, décédé le 29 septembre 1835. Nécrologie de l'*Ordo* de Saint-Flour pour l'année 1835.

Après le Concordat, Lantuéjoul accepta la cure de la Capelle-del-Fraisse où il donna libre cours à son goût pour l'enseignement, faisant de son presbytère une école pour les enfants qui se destinaient à l'état ecclésiastique. Quelque temps après il fut appelé à Aurillac pour y faire un cours de théologie que l'autorité diocésaine avait établi dans cette ville dans le but de faciliter aux jeunes gens, qui se destinaient à la prêtrise, leurs études théologiques.

Enfin, vieux et infirme, M. Lantuéjoul alla demander du repos au berceau de sa naissance, à Marcolès. Il mourut en 1824 (1) en grand renom de sainteté.

M. Noyrit, après avoir desservi la paroisse d'Ayrens dans les dernières années de la révolution, fut, à la réorganisation du clergé dans les paroisses, nommé vicaire de Saint-Géraud d'Aurillac, de là, en 1805, vicaire à Mauriac où il mourut en 1810, en odeur de sainteté, à l'âge de 44 ans (2)

Nous ignorons la date de la mort des vénérables vieillards Trotapel et Gladines. Il suffit de

(1) *Ordo.*

(2) François Noyrit avait un frère prêtre appelé Antoine. Prêtre en 1799, il fut vicaire à Ayrens, à Saint-Cernin, curé de Parlan et enfin curé de Roannes-Saint-Mary où il mourut en 1850.

savoir qu'ils exercèrent longtemps une influence salutaire sur le peuple et le clergé par leurs vertus sacerdotales et l'auréole de confesseurs de la foi illuminée par l'éclat des souffrances saintement supportées.

CHAPITRE XII

TROUBLES EN 1792 (suite). — LE SCHISME, A SAINT-SAURY, A RAULHAC, FAVEROLLES, SAINT-JUST. — LES CONFESSEURS DE LA FOI, POUILHÈS, DECONQUENS, LAMOUROUX, TOURETTE, BERTRAND. — TROUBLES A SAINT-FLOUR. — ADRESSE DE L'ADMINISTRATION A LA CONVENTION.

Après le décret du 26 août 1792, la chasse aux prêtres prit un nouveau degré de violence et de sauvagerie. Voici quelques faits recueillis dans le procès-verbal des séances du Conseil général, ou assemblée départementale, tenue à Aurillac, de juillet à décembre 1792.

A Saint-Saury, Géraud Serres, curé légitime, ayant pris une pierre sacrée pour pouvoir dire la messe dans les lieux écartés où il se cachait, fut dénoncé par l'intrus Pierre Pertus, à l'assemblée départementale et par celle-ci au tribunal criminel (1).

A Raulhac, canton de Vic, lutte plus vive encore : dans la séance du 10 octobre 1792, un

(1) Procès-verbal de 1792, page 93.

membre de l'Assemblée départementale dénonça l'abbé Pouilhès, vicaire de Raulhac, comme perturbateur public. Ce jeune prêtre avait prêté serment, employant la formule de Mgr de Bonal, c'est-à-dire avec cette restriction : *Les droits spirituels conservés, je jure...* ce qui était très légitime.

Le dénonciateur ajoute « que néanmoins ce serment avait été accepté dans le temps par le district d'Aurillac mais le conseil général « considérant que cette réserve est défendue par la loi... arrête que le serment du prêtre Pouilhès est nul, que le dit prêtre doit-être compris dans les dispositions de la loi du 26 août dernier; » par conséquent conduit et enfermé au Buis jusqu'à ce qu'il soit statué autrement.

Mais le maire, M. Combes, comptant sur la discrétion de ses officiers municipaux, qui d'ailleurs étaient du même avis, avant de publier cet arrêté, avertit secrètement M. Pouilhès de sa teneur et lui conseilla de s'enfuir; celui-ci s'éloigna et lorsque, le 21 octobre, l'arrêté fut publié, il était déjà loin, caché dans un département voisin.

Ce fait parvint aux oreilles de l'administration départementale, en même temps qu'un mémoire présenté par le sieur Talandier, intrus de Raulhac, dans lequel le maire et les officiers municipaux de cette commune étaient accusés de plusieurs méfaits.

Les accusés se rendirent à Aurillac et se présentèrent, le 2 novembre, devant l'administration du Cantal. Sur leur demande, on leur fit lecture du mémoire qui contenait contre eux les inculpations suivantes, savoir : « 1° Que pour continuer de favoriser l'aristocratie, ils ont décidé qu'une troisième messe soit célébrée dans l'église de Raulhac, par un prêtre perturbateur qui s'est offert...

2° Qu'ils se contentent d'afficher les décrets sans les publier, tandis qu'une paroisse si fanatisée et où la grande partie des citoyens est illettrée, aurait besoin d'une lecture suivie, claire et précise de toutes les lois. »

L'intrus Talandier ajoute dans ce mémoire qu'il s'est offert lui-même pour faire cette lecture et que son offre a été rejetée.

A la première de ces inculpations, les officiers municipaux de Raulhac répondent que, pour accéder aux demandes de plusieurs citoyens, ils avaient pris, le 21 octobre dernier, une délibération pour autoriser le citoyen Deconquans, prêtre, à célébrer une troisième messe dans l'église de Raulhac.

Sur la seconde inculpation, ils disent « qu'il est vrai que jusqu'ici la municipalité n'a pas fait faire lecture des lois et décrets parce qu'elle a pensé que cette lecture ne lui était pas recommandée par les lettres d'envoi, mais qu'elle a eu le plus grand soin de les faire afficher au moment de leur réception et qu'en cela elle s'est modelée sur toutes les municipalités de campagne. »

Après ces explications, un membre de l'assemblée fit lecture d'une lettre jointe au mémoire, écrite par M. Deconquans au schismatique Talandier et ce membre fait remarquer « que du contenu de cette lettre qui ne respire que le fanatisme, il résulte la preuve d'un concert entre ce prêtre et le maire de Raulhac et de l'inimitié de son auteur contre le curé (intrus) de cette paroisse. »

Enfin l'Assemblée prend un arrêté par lequel la conduite de la municipalité de Raulhac est improuvée pour avoir introduit la célébration d'une troisième messe, pour n'avoir pas mis à exécution l'ordre qui lui avait été donné de faire conduire l'abbé Pouilhès au Buis et avoir au contraire favorisé son évasion. Elle enjoint à la dite municipalité d'être plus circonspecte et de faire lecture à l'avenir des lois et des décrets. (1)

Antoine Deconquans, dont il est question, était religieux bénédictin à Fons, près Figeac, dans le Lot. Après son expulsion du couvent il se retira à Raulhac, sa paroisse natale, où par son fanatisme, comme on disait alors, c'est-à-dire par sa piété et sa fermeté dans la vraie doctrine, il rendit de nombreux services spirituels aux fidèles persécutés. Au mois d'avril 1793, fatigué de la vie errante, ce vieillard sexagénaire se constitua prisonnier au Buis, après avoir déclaré qu'il n'avait prêté aucun serment. Deux autres prêtres du même nom existaient à cette époque, l'un était curé d'Yolet, l'autre chanoine du chapitre de Saint-Géraud.

Quant à M. Etienne Pouilhès, il fut arrêté par les gendarmes de Vic et conduit à Aurillac, le 4 février 1793. De là il fut déporté malgré ses infirmités. Revenu de la déportation, il fut nommé curé de Thiézac, puis en 1806, curé de Laroquebrou où il mourut en 1832.

Nous trouvons, se cachant dans la même paroisse de Raulhac, un autre prêtre persécuté. Antoine Lamouroux. En octobre 1792, il tombe

(1) Procès-verbal de l'assemblée dép. de 1792, pag. 236-303.

entre les mains de la gendarmerie de Mur-de-Barrès (Aveyron), qui le conduit à Aurillac devant le Conseil Départemental, lequel, dans sa séance du 19 octobre 1792, « considérant que ledit Antoine Lamouroux a par des actes extérieurs troublé la tranquillité dans la paroisse de Raulhac, les lettres trouvées sur lui en fournissant de plus en plus la preuve.... déclare que ledit Antoine Lamouroux est dans le cas de la loi du 26 août, relative aux ecclésiastiques qui n'ont pas prêté le serment, lui enjoint de se conformer aux dispositions de cette loi, charge le Procureur-général-Syndic d'écrire sur le champ à la municipalité d'Aurillac pour qu'elle ait à faire transférer la personne dudit Lamouroux de la maison d'arrêt où il a été conduit, dans celle du Buis, désignée pour retraite aux prêtres non assermentés, de lui recommander de se fournir de suite les meubles qui lui seront nécessaires. » (1)

Dans le District de Saint-Flour, la chasse aux prêtres allait également bon train.

A Faverolles, canton de Ruines, six patriotes dénoncent Antoine Tourette « comme perturbateur de l'ordre public ». De leur côté les offi-

(1) Procès-verbal de l'Assemblée départementale de 1792, p. 261.

ciers municipaux certifient « que ledit Tourette n'a jamais troublé le repos public ». L'affaire est portée devant le conseil général du Cantal, lequel « considérant qu'il n'y a pas accord sur la conduite de M. Tourette, que des six dénonciateurs, l'un a signé le certificat de bonne conduite, ce qui réduit le nombre des dénonciateurs à cinq, arrête « qu'il demeure sursis à prononcer sur le sort dudit Tourette ». Il demande de nouveaux renseignements soit au District de Saint-Flour, soit à la municipalité de Faverolles.

Les patriotes agitent le pays et finissent par trouver neuf dénonciateurs au lieu de six que la loi demande. Cette fois le Conseil permanent put porter la sentence :

« Considérant, dit-il, qu'Antoine Tourette, prêtre, a par ses discours et des actes extérieurs cherché à faire mépriser les lois de la république et à exciter le trouble dans la paroisse de Faverolles, considérant que ledit Tourette est dénoncé par neuf citoyens, arrête : que la loi du 26 août dernier sera exécutée suivant sa forme... »

Antoine Tourette est porté sur la liste des émigrés. Il mourut à Faverolles en 1824 (*Ordo*).

A Saint-Just, canton de Ruines, vivait un prêtre habitué, Pierre Bertrand, qui, ayant refusé de s'exiler, alla chercher un refuge dans la Lozère. Il fut arrêté, en octobre 1792, dans le district de Saint-Chély et conduit à Aurillac.

Le conseil permanent, dans sa séance du 9 novembre, « considérant qu'il résulte de l'interrogatoire subi par le dit Pierre Bertrand et des procès-verbaux qui ont précédé et suivi son arrestation, que le dit Bertrand est évidemment perturbateur du repos public, que tout annonce en outre sa complicité avec l'un des conjurés de la Lozère, qu'il a exercé, d'après l'aveu qu'il en a fait, des fonctions ecclésiastiques publiques, sans avoir prêté le serment prescrit par les lois du 26 décembre 1790 et 19 avril 1791, qu'il a en cela violé sciemment les susdites lois et encouru par conséquent les peines de la déportation forcée, pour ne s'être pas muni dans le temps d'un passeport, à l'effet de sortir de la république, ou pour ne s'être pas rendu dans la maison de la ci-devant abbaye du Buis... Arrête que le dit Bertrand sera conduit par la force publique dans les prisons de la ville d'Aurillac pour de là être déporté à la Guyane française sur le vaisseau et du port que le ministre indiquera à cet effet. »

De sa prison d'Aurillac, Pierre Bertrand écrivit une lettre au Conseil permanent, demandant à être élargi, en protestant de son civisme et de son innocence. L'assemblée, dans sa séance du 23 novembre, déclara qu'il n'y avait pas lieu à délibérer.

Le 7 décembre suivant, à la même assemblée fut faite lecture d'une pétition des habitants de Saint-Just, sollicitant l'élargissement de Pierre Bertrand. Le Conseil départemental renvoya cette pétition au Directoire de Saint-Flour, « avec injonction de donner un avis impartial et motivé sur le mérite d'icelle. » (1) Nous ignorons la suite de cette affaire.

Pierre Bertrand est porté sur la liste des émigrés en ces termes :

« Bertrand Pierre, domicilié et biens à Saint-Just. »

A Saint-Flour, deux jours d'émeute, au sujet de la disette des grains, et dans ce mouvement populaire l'attachement aux prêtres catholiques se manifesta hautement.

Le 29 novembre 1792, un attroupement se porta à la maison commune pour y demander du blé au prix de quarante livres le setier, et non à cinquante livres, taux fixé par le maire.

La municipalité arrêta que le blé des greniers

(1) Procès-verbal de 1792, pages 342, 397, 478.

publics serait délivré au prix de 48 livres à ceux qui le paieraient comptant. Le peuple persista dans sa demande ; alors la municipalité fit fermer les greniers publics, établis au collège. L'attroupement grossit et les femmes ne gardèrent plus de mesure dans leurs imprécations contre les municipaux. Ceux-ci essaient de les calmer : « Leur surprise est extrême de voir qu'au lieu d'obtenir le calme, les imprécations les plus atroces aux officiers municipaux sortaient de la bouche de ces femmes : les unes parlaient de leur couper la tête et de la promener au bout des piques ; les autres de les éventrer à coup de couteau et de les couper en quatre, les autres de piller leurs maisons ; ne cessant de demander leur évêque Ruffo, leurs chanoines, les religieuses, le séminaire et l'ancien maire, Spy Desternes, et qu'elles auraient la tête des trois officiers municipaux.

« Si on eût laissé, criaient-elles, notre chapitre, notre collégiale, notre évêque de Ruffo et notre séminaire, nous n'en serions pas où nous en sommes, ils nous nourrissaient ; notré maire Desternes, si on l'eût laissé à sa place, nous aurions de quoi vivre. »

(1) Registre de la municipalité de Saint-Flour.

Les citoyens Ruat, Spy Desternes, Guimbal, ex-municipaux, et Bonnault, ex-maire, furent accusés de favoriser l'émeute. Bonnault et Guimbal s'étaient même tournés vers le peuple et avaient crié : « Quand nous avons été en place, vous avez travaillé et mangé du pain ; si vous nous aviez laissés à nos places, vous ne seriez pas dans l'embarras. »

Le lendemain, 30 novembre, l'attroupement se reforma, demandant toujours le blé à 40 livres ; sur le refus de la municipalité, le peuple enfonce les portes du collège où étaient les greniers publics ; on appelle la gendarmerie et la garde nationale, mais les gardes nationaux refusent de marcher contre le peuple ; alors la municipalité effrayée arrête que le blé sera distribué à 40 francs le setier.

L'Assemblée départementale informée de ce qui se passait à Saint-Flour, « considérant que les agitateurs du peuple ont profité de sa misère pour l'exciter à la révolte, que les subsistances n'ont point été le seul motif de l'émeute, puisqu'une partie de l'attroupement n'a point craint de manifester ouvertement son opinion en demandant le retour de l'ancien évêque et le rétablissement des ci-devant chapitres et communautés, ajoutant que, si l'un des ex-municipaux et ex-maire, le sieur Spy, était encore à la mairie, le blé ne serait pas si cher... improuve la conduite du Conseil de la commune pour ne s'être point entouré d'une force suffisante pour que force demeure à la loi, celle des officiers municipaux pour n'avoir pas poursuivi sur le champ les auteurs de la révolte, et celle du Directoire pour ne s'être point trouvé à son poste... enjoint aux officiers municipaux de poursuivre les prévenus... Arrête que 23 cavaliers du 22e régiment de cavalerie se rendront d'Aurillac à Saint-Flour; qu'il sera de plus requis les brigades de la gendarmerie nationale de Murat, Saint-Flour, Ruines et autres, jugées nécessaires pour faire exécuter les ordres de la municipalité... »

Si vertement improuvée, la municipalité de Saint-Flour se hâta de prendre des informations et lança douze mandats d'arrêt contre les citoyens Bonnault, Guimbal et Spy, ex-officiers municipaux de Saint-Flour, et contre le citoyen Queille, perruquier, Pignol, aussi perruquier, Françoise Grenier, dite Quarante, Marguerite Pagis, Maruéjol, dite Cacanioune, Louise Dommergue, la Gazonne, Marguerite Claidon, la nommée Régimbal, dite Jaquette.

En effet ces citoyens et citoyenne furent presque tous arrêtés et conduits à Aurillac. En même temps l'administration départementale envoya, le 22 décembre 1792, à la Convention, l'adresse suivante :

« Représentants de la République, l'administration du département du Cantal en vous envoyant toutes les pièces de l'instruction faite par la municipalité de Saint-Flour sur une insurrection arrivée dans cette ville, les 29 et 30 novembre dernier, a cru devoir ajouter à cet envoi les notes et observations que la loi du 11 août lui prescrit de vous transmettre sur les délits qui peuvent compromettre la sûreté publique.

Nous ne doutons pas, législateurs, que la cause première de cette émeute, qui a troublé un instant la tranquillité publique d'une des principales villes de ce département, ne soit réellement la disette des grains et la misère des habitants dont les facultés ne peuvent plus atteindre le prix excessif des denrées de toute espèce ; mais ici comme ailleurs l'aristocratie, active dans sa marche et féconde dans ses développements, a saisi ce premier germe de dissension, et a porté une partie du peuple à une rebellion ouverte contre la loi. Les greniers publics ont été ouverts par la force, et les grains taxés par la multitude ; la force armée s'est vue contrainte de céder a la violence ; les magistrats du peuple ont été réduits au silence par la terreur, leur autorité a été méconnue ; cependant l'administration du département a relevé l'énergie de la municipalité, et, en prescrivant les mesures que la loi indiquait en pareil cas, est parvenue à ramener le calme dans cette ville dont le peuple n'était qu'égaré.

Parmi les coupables contre qui les mandats d'arrêt ont été décernés, se trouvent trois membres de l'ancienne municipalité que le peuple a remplacée depuis le dix août ; deux d'entre eux, les citoyens Bonnault et Guimbal, ne nous paraissent que matériellement complices quoique fortement chargés par les dépositions ; le premier du moins s'était montré patriote pendant la Révolution ; le second n'a suivi le torrent contre-révolutionnaire que par esprit de fanatisme ; le troisième, Victor Spy Desternes, est connu dans ce département pour être le chef de tous les malveillants qu'il renferme. Ci-devant noble, subdélégué d'intendant, receveur des décimes, maire de la ville de Saint-Flour pendant quinze ou seize années, secrétaire du roi, etc., etc., il a rallié autour de lui, depuis la Révolution, tout ce que notre pays renferme de contre-révolutionnaire ; il a été l'agent connu de leur correspondance au-dedans et au-dehors ; il a été le fléau de la Révolution et l'apôtre le plus zélé du royalisme et de l'aristocratie ; parent ou allié de tous les émigrés de la ville, il s'est formé par ses alentours un parti puissant, qui s'est montré souvent redoutable aux patriotes et dont l'influence est très funeste dans ces circonstances ; quoiqu'il ait figuré dans l'insurrection du 29 et 30 novembre, il est cependant celui de tous les prévenus que les dépositions aient le moins chargé, et s'il n'était les soupçons, fondés sur son incivisme connu, qu'il a été le moteur secret de cette émeute, à peine aurait-on eu des raisons suffisantes pour décerner contre lui un simple mandat d'amener ; mais au moment de l'émeute, dans le temps que les esprits étaient dans la plus grande fermentation, il était au milieu d'un groupe de femmes fanatiques dont les regards se portaient complaisamment sur lui ; elles le redemandaient avec fureur pour leur maire et appelaient en même temps à grands cris leur ancien évêque, les chapitres, les couvents religieux ; s'il eût été bon citoyen, il eût profité de son crédit sur ce peuple égaré pour le ramener au calme et à l'observation des lois, mais il a su en laissant agir le peuple comme un instrument de ses desseins, effacer toutes les traces de ses complots contre-révolutionnaires ; l'opinion publique l'a seul désigné comme coupable dans cette affaire, et l'on est généralement convaincu dans ce département, que, s'il n'a pas manifestement conseillé ou conduit l'insurrection du 29 et du 30, il l'avait préparée antécédemment par des manœuvres, et qu'il en a été réellement le sujet, c'est ce qui a décidé les officiers municipaux à décerner contre lui un mandat d'arrêt. Tel est, législateurs, le véritable état des choses ; nous avons cru devoir vous faire connaître tous les détails de cette affaire à cause des rapports qu'elle peut avoir avec le projet de nos ennemis d'incendier la France par le feu des dissensions intestines ; malheureusement cet homme dangereux dont l'absence peut seule rendre la paix à la ville de Saint-Flour, a su se soustraire à toutes les perquisitions qu'on a faites, et le mandat d'arrêt décerné contre lui a été sans effet.

Nous avons envoyé un détachement de cavalerie dans cette ville, et par l'heureuse sévérité que nous avons déployée dans cette circonstance, nous y avons rappelé le calme ; on a cru devoir sévir principalement contre ceux qui ont sciemment concouru à troubler le repos public, et nous n'avons vu que des personnes égarées dans celles qui formaient l'attroupement et qui ont menacé la municipalité dans l'exercice de ses fonctions.

Représentants, nous ne devons pas vous laisser ignorer que l'insurrection arrivée à Saint-Flour nous paraît être le prélude d'autres désordres dans ce département ; que l'esprit contre-révolutionnaire s'y agite dans tous les sens, et paraît tenir à un système d'exciter partout l'insurrection et les troubles ; les subsistances n'en fourniront malheureusement que trop de prétextes et la misère servira de sujet aux malveillants pour calomnier la Révolution ; hâtez-vous de prévenir tant de malheurs, en nous donnant des secours que nous réclamons depuis longtemps, et qui nous ont été constamment refusés, et en frappant à la fois ces ennemis de toute constitution et de la paix contre lesquels la loi ne saurait avoir de prise. »

Le conseil permanent, sur ce, ouï le procureur-général-syndic, charge son président d'envoyer à la Convention nationale copie certifiée de toutes les pièces ci-devant visées, ainsi qu'une expédition de la susdite adresse, pour tenir lieu des observations recommandées par l'article VI de la loi du 11 août dernier.

La séance a été levée.

ALTAROCHE, président.

BERTRAND, secrétaire général. » (1)

Sous le coup de ces arrêtés et de ces dénonciations, le peuple de Saint-Flour dut se taire et se contenter de gémir en silence.

(1) Procès-verbal de l'Assemblée départementale de 1792, page 538.

CHAPITRE XIII

TROUBLES A SIRAN. — LOIS DU GOUVERNEMENT ET ARRÊTÉS DU DÉPARTEMENT CONTRE LES PRÊTRES. — LE DÉCRET DU 26 AOUT 1792. — FIN DE L'EXTERMINATION DU CLERGÉ SÉCULIER.

Disons un dernier trait des troubles occasionnés par les intrus :

Les prêtres catholiques ne paraissaient plus à la surface de la terre ; ceux qui étaient restés dans le pays se cachaient, de sorte que les intrus ne se trouvaient en lutte qu'avec les populations qui continuaient à les détester, à les repousser.

A Siran, canton de Laroquebrou, la lutte fut vive.

Le 22 avril 1792, le sieur Felgines, professeur d'humanités au collège d'Aurillac, fut nommé par l'Assemblée électorale à la cure de Siran. Depuis son entrée dans cette religieuse paroisse, il n'eut que des humilations à subir, des vexations à supporter.

Le 4 février 1793, sur les réclamations de plusieurs membres de la municipalité, il fut destitué de la charge de secrétaire de la mairie et la tenue des registres confiée à un autre citoyen ; sa position devenait insupportable.

Un jour, des femmes accourues très nombreuses l'empêchèrent de faire un enterrement ; elles s'emparèrent des ornements funèbres, sonnèrent les cloches et portèrent elles-mêmes le cadavre au cimetière sans l'assistance de l'intrus.

Dénoncées, poursuivies, emprisonnées, elles persistèrent, à leur sortie de prison, à *fanatiser* et à crier contre l'intrus. Un fait plus grave vint attirer les foudres de l'administration sur la paroisse :

Le 7 février 1793, à Siran, Antoine Bordes, électeur du département, fut assassiné par un individu inconnu. Evidemment les patriotes firent tomber la responsabilité de ce crime sur les catholiques.

« Les propos tenus, disent les administrateurs, les menaces, les provocations faites par quelques habitants de cette paroisse, à l'issue de la grand'messe, le six du présent mois, à l'occasion du rassemblement formé le 27 décembre dernier dans cette même paroisse, tout annonce que le fanatisme et la haine de la Révolution ont armé le bras de l'assassin, qu'il y a de la part de son auteur complicité avec la horde des ennemis de la patrie dont l'espoir et l'incalculable audace prennent tous les jours une nouvelle énergie.

D'autres délits, commis dans d'autres parties du département, également dirigés contre la Révolution, annoncent une chaîne de complots pour semer partout le désordre et effrayer le patriotisme par la crainte des vengeances.

Le Conseil Général vivement affecté de l'assassinat qui vient d'être commis, considérant qu'il est instant de réprimer les excès que le fanatisme ne cesse de causer dans la commune de Siran et de prévenir de tels désordres à l'avenir, arrête qu'un détachement de cinquante hommes pris dans le troisième bataillon sera envoyé dans cette commune et qu'ils y resteront jusqu'à nouvel ordre pour réprimer les crimes à la charge de la commune. »

Ces garnisaires y restèrent plus de quinze jours et y commirent toutes sortes de pillages, de vexations et d'excès. Des plaintes furent portées contre eux et le maire demanda et obtint leur rappel. (1)

Cette guerre d'extermination, dont nous venons de raconter les brutales péripéties, n'était

(1) Archives départementales.

que l'exécution, la mise en pratique des lois de l'Assemblée nationale et des arrêtés des administrations départementales.

La France descendait au niveau de la Chine au point de vue de la liberté religieuse. Elle finit par en imiter la barbarie.

Les lois de proscription se succèdent, plus violentes les unes que les autres.

Le 27 mai 1792 l'Assemblée nationale porte le premier décret de déportation des prêtres. Ce décret est renouvelé et aggravé par celui du 26 août de la même année 1792, au terme duquel tous les prêtres qui n'ont pas prêté serment ou qui l'ont rétracté sont sommés de sortir de leur département dans huit jours et de France dans quinze, sous peine d'être déportés à la Guyane française.

L'article 6 de cette loi ajoute que tous les ecclésiastiques non assujettis au serment, réguliers, séculiers, simples clercs, frères lais, sans exception sont également obligés de sortir de France, lorsque par quelques actes extérieurs du culte catholique ils auront occasionné des troubles ou lorsque leur éloignement sera demandé par six citoyens du département.

« Six citoyens, s'écrie Marcelin Boudet, pas davantage, n'importe lesquels, fut-ce le dernier des misérables, fut-ce des repris de justice. Quel est le département qui ne contienne six gredins ! Eh bien le plus vertueux, le moins remuant des prêtres était livré à la merci de ces six malfaiteurs ! Et comme la haine pouvait n'être pas suffisante, on s'adresse à des sentiments plus vils encore : une prime en argent fut accordée par décret du 15 février 1793, en ce temps de famine, à tout citoyen qui découvrirait ou ferait arrêter un prêtre soumis à la déportation : cinquante francs ! à peu près le double que pour une tête de loup. » (1)

Ces lois atroces furent rigoureusement mises à exécution en Auvergne. Le Directoire du Puy-de-Dôme, le Directoire du Cantal rivalisèrent de zèle et n'eurent plus de scrupules.

« Le clergé fidèle fut traité par l'administration du Puy-de-Dôme avec la dernière rigueur. Trois cent sept de ses membres furent emprisonnés, deux cent deux furent enfermés dans l'ancien petit séminaire et cent cinq dans le séminaire de la Châsse. » (2)

Le 11 août 1792, le Directoire du Cantal fait une dernière invitation aux ecclésiastiques de prêter le serment civique et arrête que

(1) *Les Exécutés*, pag. 165.
(2) *L'Auvergne chrétienne*, pag. 361.

que les ecclésiastiques ci-devant fonctionnaires publics, non assermentés, seront tenus de s'éloigner dans la huitaine à quatre lieues de distance du chef-lieu de la paroisse où ils exerçaient leurs fonctions. Ils pourront cependant continuer de résider dans leur paroisse s'ils y ont une maison à eux appartenant où à leur famille. Ils seront dénoncés en cas qu'ils troublent l'ordre public... » (1)

Après la loi du 26 août 1792, l'administration du Cantal porta, le 3 octobre 1792, un arrêté dont voici un extrait :

«... Tous les ecclésiastiques du département, sujets à la déportation, qui, partant pour les pays étrangers, auraient été arrêtés sur les frontières, ainsi que ceux qui craindraient de l'être, sont tenus, à moins qu'ils ne préfèrent sortir du département, de se rendre dans le délai de huit jours au chef-lieu du département dans la maison de la ci-devant abbaye du Buis .. Les ecclésiastiques, sexagénaires ou infirmes, qui ne sont pas assujettis à la peine de la déportation, sont également tenus de se rendre, dans le même délai, en la maison désignée par l'article précédent... Ils sont avertis les uns et les autres

(1) Procès-verbal de l'assemblée de 1792. p. 73.

d'apporter avec eux ce qu'ils croiront nécessaire à leur service personnel, tel que lits, linge et ustensiles de ménage. » (1)

Le vingt du même mois, aucun ecclésiastique ne s'était présenté au Buis. Alors l'administration départementale ordonna à toutes les gendarmeries de demander aux municipalités l'état de tous les ecclésiastiques soumis à la loi du 26 août, qui résidaient dans la paroisse et après la remise de ces états, de poursuivre les dits ecclésiastiques, de les saisir et de les conduire en la ville d'Aurillac, au Buis. (2)

Dès lors la chasse aux prêtres est organisée, générale, acharnée, dans toute l'Auvergne. Les prêtres catholiques fuient, se cachent, déguisés en paysans, en bouviers, en marchands ambulants etc. Plusieurs sont arrêtés et conduits en prison, au chef-lieu du département ; un grand nombre quittent la France, passent en Espagne, en Suisse, en Italie, en Angleterre.

Et pendant que s'opérait cette déroute générale du clergé catholique, le clergé schismatique commençait à recevoir lui aussi les coups de la Révolution qui ne voulait d'aucun culte, d'aucun clergé.

(1) Voir cet arrêté en entier aux *pièces justificatives.* N° 2.

(2) Voy. aux *pièces justificatives* l'arrêté qui ordonne la recherche des ecclésiastiques. N° 3.

Les schismatiques, beaucoup du moins, portaient encore, malgré la défense, le costume ecclésiastique.

Dans la séance du 3 novembre 1792, un membre de l'assemblée du Cantal, se lève furieux et s'écrie ;

« Croyez-vous, citoyens, qu'il existe dans la société une classe d'hommes qui veuille se distinguer par un costume particulier, et inspirer sans doute par leurs habits une considération qu'ils ne savent mériter pour leurs personnes. Eh bien, citoyens, ces hommes existent, ils sont prêtres, ils ont promis l'obéissance aux lois et ils les enfreignent.

Croient-ils que les apôtres, en répandant la parole de l'Evangile fussent affublés d'une soutane et rabat? Non, ils étaient vêtus comme les autres hommes, ils vivaient comme eux et parmi eux; ils prêchaient une morale pure qu'ils mettaient en pratique, ils menaient une vie sans reproches et firent par là des prosélytes nombreux.

Rappelez, citoyens, ces hommes au devoir; apprenez-leur qu'il ne doit exister aucune distinction dans une république; apprenez-leur enfin qu'un prêtre vivant parmi les hommes libres doit être un citoyen. »

Sur ce, le Procureur-Général-Syndic entendu, le Conseil permanent du Cantal porte un arrêté qui défend expressément aux prêtres de paraître en soutane et autres costumes religieux hors de l'enceinte des églises... (1)

Dans la séance du 7 novembre 1792, le Procureur-Général-Syndic instruit l'assemblée que la loi du 26 août dernier, relative aux ecclésiastiques réfractaires et insermentés, n'a pas reçu son exécution dans ce département, que l'arrêté du Conseil général du 3 octobre dernier ne remplit pas le vœu de la loi, en ce qu'il accorde aux ecclésiastiques, que la loi condamne au bannissement et qui auraient pu être arrêtés sur les frontières, la faculté d'obtenir provisoirement un refuge dans l'asile destiné aux vieillards et aux infirmes.

Alors l'assemblée déclare qu'il est dérogé à l'arrêté du 3 octobre et que par conséquent les prêtres, condamnés à la déportation mais arrêtés en route, ne seront point reçus à Aurillac et qu'ils quitteront le département dans huit jours et la France dans quinze. (2)

(1) Procès-verbal de l'assemblée de 1792, page 308.

(2) Procès-verbal de l'assemblée de 1792, p. 336. Voyez cet arrêté aux pièces justificatives. No 4.

Par la teneur des arrêtés du département et des lois de l'Assemblée nationale que nous venons de rapporter, on juge de la violence de la persécution.

« Et maintenant, dit Boudet, s'il échappe un seul prêtre, ce n'est pas la faute des législateurs; les mailles du réseau ne peuvent être plus étroites... La persécution touche à son paroxysme; c'est de la pure frénésie. » (1)

Il ne reste plus de prêtres a la surface de la société, tous sont ou dans les prisons, ou sous terre, ou en exil. L'extermination du clergé séculier est accomplie.

(1) *Les Exécutés*, page 170.

CHAPITRE XIV

EXTERMINATION DES ORDRES RELIGIEUX

En même temps qu'elle exterminait le clergé séculier, la Révolution, incarnée dans l'Assemblée nationale, exterminait le clergé régulier.

A cette extermination, elle procéda par degré. D'abord, défense de recevoir des novices, prohibition des vœux, ensuite ordre à chaque communauté de faire devant l'autorité civile la déclaration, puis l'inventaire de ses biens et revenus, mise en vente de ces biens, invitation d'abord, puis enfin ordre aux religieux, aux religieuses de sortir de leurs couvents.

L'indignation des catholiques, l'éloquence des plus grands orateurs, la protestation des évêques, tout fut inutile; les ordres monastiques furent sacrifiés à la fureur des haines sectaires.

« A peine un an s'était-il écoulé, dit Branches, que déjà l'antique et puissant clergé régulier de France ne subsistait plus. Une main forte et hardie l'avait couché mort par terre et lui ravissait même jusqu'au linceuil pour l'ensevelir. A son exemple, surgirent bientôt, dans l'ombre et de toutes parts, d'autres mains spoliatrices, d'autres bras que la crainte et le respect des saints lieux ne purent arrêter. Bientôt commencèrent des jours honteux pour l'histoire, obligée de les subir, terribles pour l'humanité qui fut traînée sur le bois des échafauds, dans la boue des carrefours. Bientôt le pillage s'organisa, la dévastation envahit les temples, le deuil, les familles, et quelques hommes, comme les Titans impies des vieux jours, semblèrent, en s'enivrant des pleurs et du sang de la France, constituer pour système social une épouvantable orgie.

La grande voix, qui proclama l'arrêt de mort des monastères, pénétra partout, vibrant comme la trompette de l'archange au dernier jour. Ce fut avec une vague terreur, qu'en vain calmait l'espérance d'un avenir plus vague encore, que les moines, même les plus fervents novateurs, entendirent ce jugement fatal. La douleur des vieux religieux fut amère ; car, en quittant leurs cloîtres, ils s'arrachaient pour ainsi dire à leurs tombes. Obligés de reprendre, à la porte de leur cellule, le bâton du pèlerin, combien ils durent, sur le point de rentrer dans le monde alors en feu, envier le repos de leurs frères qu'ils laissaient sous les dalles de pierre dormant leur éternel sommeil. Poursuivis dans quelques localités par les cris d'une populace ameutée, salués dans d'autres par les derniers adieux du peuple, ils partirent emportant dans leur âme le triste pressentiment d'un voyage sans fin ; et, de temps en temps, l'un d'eux vint trouver le terme de sa course dans un cercueil ignoré ou sur l'échafaud. » (1)

Quand sonna l'heure des grandes catastrophes, l'Ordre de Saint-Benoît possédait en Auvergne quinze abbayes, quatre grands prieurés et plusieurs prieurés de second ordre :

Abbayes : Saint-Allyre de Clermont, Saint-Jean-Baptiste de Mozat, Saint-Léger d'Ebreuil, Saint-Ménelé de Menat, Sainte-Marie de Bellaigue, Saint-Symphorien de Thiers, Saint-Sébastien de Manglieu, Sainte-Marie du Bouchet, Montpeyroux, Mègemont, Saint-Austremoine d'Issoire, Saint-Robert de la Chaise-Dieu, Saint-Paul de Feniers, Saint-Pierre de Mauriac, Saint-Pierre de Maurs.

Grands Prieurés clunisois : Saint-Mayeul de Souvigné, Ris, Sauxillanges, Sainte-Croix de La Voute.

Prieurés secondaires : Sainte-Croix de Saint-

(1) Les *Monastères d'Auvergne*, page 434.

Pourçain, Auzerolles, Chanteuge, Sainte-Valérie du Chambon.

Les abbayes de Broc et de Saint-Géraud d'Aurillac n'existaient plus.

Les Dominicains, appelés aussi Frères-Prêcheurs ou Jacobins, étaient établis à Saint-Flour, à Clermont ;

Les Carmes à Clermont, Riom, Aurillac, Pleaux.

Les Chartreux à Port-Sainte-Marie.

Les Augustins à Clermont, Lezoux, Ennezat, Vieille-Brioude, Pébrac.

Les Prémontrés à Clermont, Neufonts.

Les Oratoriens à Clermont, Riom, Effiat.

Les Minimes à Clermont, Beauregard, Brioude, Courpière, Chaumont.

Les Frères de Saint-Jean de Dieu ou Charitains à Clermont, Effiat, Ebreuil, Gazettes.

Les Capucins à Clermont, Billom, Brioude, Riom, Thiers, Langeac, Issoire, Montaigut, Cusset, Vichy.

Les Cordeliers à Clermont, Montferrand, Riom, Brioude, Saint-Pourçain, Vic-le-Comte, la Celette, Aurillac, Saint-Flour, Chateldon.

Les Récollets à Montferrand, Ambert, Ardes, Maringues, Saint-Amand, Salers, Murat.

Les Célestins à Vichy.

Les Génovefains à Riom, Evaux.

Les Frères des Ecoles chrétiennes à Clermont, Aurillac.

Les Lazaristes au Grand Séminaire de Saint-Flour.

Les Sulpiciens au Grand et au Petit Séminaire de Clermont.

Les Prêtres du Saint-Sacrement au Petit Séminaire de Thiers.

Les religieux de tous ces établissements furent impitoyablement chassés, jetés dans la rue, dépossédés du sanctuaire où ils priaient, de l'école où ils enseignaient, de la chaire où ils prêchaient, de l'hôpital où ils soignaient les malades.

On confisqua et on vendit leurs biens meubles et immeubles. Par un sentiment de justice qui lui restait encore l'Assemblée nationale se crut obligée de payer une pension à tous ces religieux qu'elle dépouillait. Mais cette pension, la plupart du temps n'était pas payée, sous prétexte que les religieux étaient des fanatiques, des réfractaires, des contre-révolutionnaires, de sorte qu'un grand nombre de ces malheureux, relancés dans le monde, y vécurent dans l'indigence et la douleur.

Les religieuses eurent le même sort que les religieux. Elles étaient nombreuses en Auvergne.

Il y avait des Bénédictines à Clermont, Beaumont, Billom, Courpière, Cusset, Saint-Pourçain, Marsat, Les Chazes, Lavassin, Lavaudieu, Lavesne, Blesle, Auzon, Saint-Génies-les-Monges, Lieu-Dieu-Lasalvétat, Aurillac, Vic-sur-Cère, Brageac, Saint-Projet de Cassaniouse.

Les Visitandines étaient à Clermont, Montferrand, Riom, Thiers, Billom, Brioude, Saint-Flour, Aurillac.

Les religieuses de Notre-Dame à Brioude, Langeac, Riom, Issoire, Aurillac, Chaudesaigues, Saint-Flour, Salers.

Les Ursulines à Aigueperse, Ambert, Arlane, Clermont, Maringues, Cunlhat, Montferrand, Thiers.

Les Clarisses à Clermont, Aigueperse, Saint-Amand-Talende, Chateldon, Aurillac.

Les Carmélites à Riom.

Les Dominicaines à Langeac, Murat, Mauriac.

Les religieuses de Fontrevaud à Brioude, Clermont, Vic-le-Comte, Sainte-Florine.

Les Joséphines à Arlane, Dore-l'Eglise, Reurières, St-Anthême, Saint-Bonnet-le-Chatel.

Les filles de la Croix à Lavoute, Brioude.

Les Hospitalières à Clermont, Riom.

Les sœurs de Saint Vincent de Paul à Riom, Clermont, Saint-Flour.

Les sœurs de Nevers à Cermont.

Après avoir passé par les péripéties les plus douloureuses et subi les affronts les plus ignobles, toutes ces religieuses furent arrachées à leurs couvents, en 1792, et jetées dans la rue par la force publique. On s'empara de leurs biens et on leur paya une pension. Les couvents furent pillés, vendus par la nation, plusieurs détruits, quelques-uns devinrent le siège des administrations civiles, les chapelles fermées, profanées, transformées en maisons ou ruinées. Ce fut une extermination générale des religieuses, laquelle, ajoutée à l'extermination des religieux et des prêtres séculiers, fit table rase de la religion en Auvergne ; sans doute il y avait des prêtres encore, des religieux, des religieuses, mais ils étaient cachés, dispersés, déportés, emprisonnés, en fuite vers l'exil, de sorte qu'on peut dire en toute vérité qu'à la surface de la société, à partir de l'année 1792, rien de religieux n'apparaissait, ni prêtres, ni moines, ni culte, ni costume religieux, ni monastères, ni temples, des débris et des ruines seulement.

CHAPITRE XV

La patrie en danger. — Emprisonnement du roi. — Bataillons de volontaires. — Fin de l'Assemblée législative.

Nous voici arrivés au milieu de l'été de 1792, époque de décrets terribles, de troubles violents et commencement d'une guerre formidable. Pendant les trois ans qui viennent de s'écouler, les deux assemblées nationales, la Constituante et la Législative ont semé de ruines le sol de la France : destruction des anciennes institutions, des provinces, des corporations, de la noblesse, du clergé, des ordres religieux, du culte catholique ; rien ne tient debout, la royauté vit encore, mais elle est amoindrie, elle va disparaître.

Le 20 juin 1792, le roi est assiégé dans son château des Tuileries par trente mille sans-culottes, affreux ramassis des faubourgs de Paris, assassins déterminés, qui pénètrent dans les appartements royaux, insultent le roi, le menacent. Son calme, ses paroles, en imposent à leur férocité et ils se retirent.

En juillet, la guerre éclate entre la France et l'Allemagne. L'Assemblée nationale éperdue, en délire, déclare la patrie en danger et appelle tous les citoyens aux armes. Un mouvement de terreur se répand partout ; les corps constitués se déclarent en permanence ; les têtes s'exaltent et de nouveau à Paris des bandes de furieux, de furieuses, attaquent les Tuileries, sous prétexte que le roi est de connivence avec les ennemis de la patrie. Les gardes suisses sont massacrés et le roi se réfugie au sein de l'Assemblée nationale. Celle-ci l'envoie à la Tour du Temple où il resta prisonnier jusqu'à sa mort sur l'échafaud.

La déchéance du roi, mal acceptée par les populations qui ne concevaient pas un royaume sans roi, fut acclamée par les administrations, toujours serviles, de la plupart des départements. Voici la lettre d'approbation des administrateurs du Cantal à l'Assemblée nationale :

« Aurillac, le 21 août 1792. Législateurs, le despotisme était sur le point de renverser la Constitution. Les tyrans de l'Europe coalisée avaient des agents perfides dans l'intérieur du royaume ; des trames abominables allaient livrer la patrie au fer des traîtres qui méditaient sa ruine. Les complots des méchants ont été découverts et un moment a suffi pour les dissiper.

« Vous avez pris, Messieurs, les mesures les plus sages pour sauver la chose publique. Une seconde révolution s'est opérée ; elle doit consterner les ennemis de la liberté. Le Conseil permanent s'empresse de donner son adhésion aux lois sages que vous avez rendues et aux moyens salutaires que vous avez pris pour le salut de l'empire. Telle est, Messieurs, l'expression des sentiments qui sont gravés dans nos cœurs. Nous ne travaillons que pour la cause et les intérêts du peuple, pour la liberté et l'égalité. » (1)

Cependant on se battait aux frontières. Le Puy-de-Dôme et le Cantal se hâtent de lever le contingent d'hommes qu'on leur demande : deux bataillons de volontaires par département, de huit cents hommes chacun.

En 1791, le Puy-de-Dôme en avait fourni un. Les deux qu'il devait fournir, en 1792, furent organisés en juillet et août. Le premier formé fut envoyé à Colmar.

(1) Procès-verbal de l'Assemblée de 1792, pag. 94.

« Ce bataillon, nous avons le regret de le dire, écrit Francisque Mège, montre beaucoup moins d'esprit de discipline que son aîné de 1791. Le désordre se produisit dès les premiers jours, dès les premières étapes. A Aigueperse, les désertions commencèrent et se continuèrent tout le long de la route. Plus loin, à Bourbon-Lancy, à Joinville, l'indicispline était telle que les volontaires purent se rendre impunément coupables de maraudages et d'exactions au préjudice des citoyens... » (1)

Après le départ de ce premier bataillon, sur la réquisition de Biron, général de l'armée du Rhin, les administrateurs du Puy-de-Dôme activèrent de leur mieux la formation du second.

Par un arrêté du 24 août, ils invitèrent les citoyens à donner une nouvelle preuve de leur patriotisme : « Citoyens soldats, disaient-ils, la patrie en danger réclame votre secours ; elle implore votre assistance et déjà sa voix tremblante a embrasé vos âmes de cette noble ardeur qui est le présage certain du triomphe de la liberté et de la mort des tyrans. Amour de la patrie, que ta puissance est grande ! huit cents grena-

(1) *Les Bataillons de Volontaires*, pag. 61.

diers ou chasseurs de ce département sont seulement requis et tous brûlent du désir d'aller combattre !... »

« Hélas ! non, dit Mège, tous ne brûlaient pas du désir d'aller combattre. Etait-ce que, les illusions de la première heure étant tombées peu à peu, les esprits étaient épouvantés par les obscurités de l'avenir ? Etait-ce que les journées du 20 juin et du 10 août avaient dépassé ou dérouté les prévisions du commun peuple, non encore déshabitué de la monarchie et du roi ? Etait-ce que l'enrôlement du bataillon qui venait de partir avait épuisé les bonnes volontés ? Bien peu répondirent d'abord à l'appel de Biron. Il fallut stimuler cette indifférence. »

Les adresses, les encouragements, les menaces, les commissaires envoyés dans les communes, tout était à peu près inutile ; les volontaires ne se présentaient pas. Plusieurs paroisses furent obligées d'*acheter* des hommes pour compléter leur contingent. Enfin pourtant on parvint à former le bataillon. Il fut envoyé à l'armée du Rhin.

Ce fut aussi avec la plus grande peine que dans le Cantal on forma les deux bataillons requis. C'était le moment où Milhaud, revenu de ses expéditions contre les châteaux, était accusé, jeté en prison, d'où il sortait peu de temps après en triomphe, acclamé par les sans-culottes d'Aurillac, qui avaient enlevé des greffes et brûlé toutes les pièces du procès. L'effervescence était grande et pourtant l'enthousiasme était nul ; personne ne voulait partir pour la frontière.

Les administrateurs, convoqués extraordinairement et réunis, le 22 juillet, en Conseil général, à Aurillac, firent un appel désespéré. Le 5 août, ils adressèrent la proclamation suivante aux habitants du département :

« Frères et amis, la patrie est en danger ! Les ennemis de notre Constitution, les despotes conjurés contre la liberté et le bonheur des nations, ont formé une ligue impie pour redonner des fers au peuple français et par là étouffer le germe de la liberté qui fermente dans les empires voisins. Ils cernent la France presque de tous côtés ; ils la menacent d'une prochaine invasion.

Déjà le bruit des armes retentit sur nos frontières ; déjà la terre sainte de la liberté est souillée par la présence des satellites des tyrans. La patrie en alarme se tourne vers vous, vous tend les bras et vous appelle à son secours. Serez-vous sourds à sa voix ? Levez-vous, citoyens, levez-vous avec courage, volez à la frontière et que nos ennemis tremblants à votre approche, abandonnent nos bords et portent au loin les calamités d'une guerre féroce et sacrilége.

Tous les départements de la France s'empressent de fournir le contingent de forces que la loi leur a demandé. Celui du Cantal serait-il le seul qui mît de la lenteur à donner le sien ? Ce serait pour lui une tache dont la honte serait ineffaçable et que le crayon transmettrait à la dernière postérité. Prévenons, citoyens, cet opprobre éternel ; montrons-nous dignes d'être associés, par notre courage et notre amour de la patrie, aux autres départements de l'Etat, et méritons par là de participer, dans des temps plus heureux, aux bienfaits de l'Assemblée nationale et du gouvernement.

Craignez-vous d'abandonner vos pères, vos femmes, vos enfants et de les laisser sans pain ? Mais la nation généreuse et juste se charge d'en prendre soin, en cas qu'un trépas glorieux vous enlève à leur tendresse. Et d'ailleurs ne voyez-vous pas que l'unique moyen de salut, et pour vous, et pour eux, est de repousser courageusement les efforts de nos ennemis ? Ne sentez-vous pas que, s'ils pénétraient en France, ils vous réduiraient à la plus affreuse servitude, feraient renaître les anciens privilèges, rétabliraient la dîme, la gabelle, et les droits odieux de la féodalité ; ils ravageraient vos maisons, incendieraient vos granges, détruiraient vos moissons ; ne voyez-vous pas que tous les malheurs viendraient fondre sur vous, que vous perdriez la liberté conquise et ce serait là une suite infaillible à votre indigne lâcheté ?

Considérez, frères et amis, ces bataillons de volontaires réunis, contemplez leur courage et leur empressement à voler aux frontières ; entendez les applaudissements de leurs concitoyens ; imitez cet exemple, venez vous réunir à eux ; voudriez-vous vous exposer à l'opprobre dont vous seriez couverts, si vous demeuriez dans une froide insouciance au moment où vos frérés vont combattre pour vous ? Eloignons cette idée trop affligeante, elle ne peut entrer dans l'âme des Français qui ont juré de vivre libres ou mourir et de maintenir la Constitution.

Et vous, braves vétérans, vous que l'honneur a déjà rassemblés sous les drapeaux de la patrie, vous qui avez déjà versé votre sang pour la défendre, elle vous rappelle encore et, comme une mère tendre, elle tourne ses regards sur ses enfants chéris ; vous avez combattu et vaincu pour elle ; elle réclame aujourd'hui votre expérience et votre courage; c'est vous qui devez montrer le chemin de l'honneur à cette brillante jeunesse qui va marcher sur vos traces et partager vos exploits.

Mais ce serait en vain que nos concitoyens s'empresseraient de se vouer au salut de la patrie si les districts et les municipalités ne secondaient de tout leur pouvoir le zèle qui les anime, en employant tous les moyens dont ils sont investis pour accélérer et encourager le recrutement de l'armée, la levée des volontaires destinés à former les deux bataillons que ce département doit fournir.

Nous aimons à croire que les districts et les municipalités, qui jusqu'à présent nous ont donné tant de preuves de leur attachement à la Constitution, de leur amour pour la chose publique et de leur activité pour l'exécution des lois, se pénètreront vivement des devoirs que leur impose l'article XX du titre III de la loi du 22 juillet dernier et des peines que cette loi prononce contre la négligence et même la lenteur de ceux qui ne la feraient pas exécuter. » (1)

Cette adresse n'excita pas un grand enthousiasme et les deux bataillons s'organisèrent len-

(1) Procès-verbal de l'Assemblée de 1792, p. 54.

tement, péniblement. Enfin on parvint à les compléter.

Avant de les faire partir pour la frontière, on les employa à réquisitionner les chevaux, les voitures, les armes des nobles et des suspects. Les volontaires s'acquittèrent de cette besogne avec ardeur, avec un dévergondage sans pareil, pillant, saccageant, emportant tout ce qui leur convenait, à tel point qne l'administration fut obligée, pour modérer leur fougue, de les envoyer bien vite aux frontières où ils furent incorporés à l'armée de ligne et où quelques-uns se firent un renom de bravoure, tels que Destaing et Alexis Delzons.

La guerre au dehors, l'anarchie au dedans, des milliers de Français en chemin pour les armées ou en fuite pour l'exil, les prisons de Paris envahies et tous les prisonniers égorgés dans les premiers jours de septembre, tel était l'état de la France, lorsque l'Assemblée législative finit sa triste existence. Dissoute le 20 septembre 1792, elle fut remplacée par cette autre assemblée nationale, dite la Convention, laquelle continua, en l'aggravant, son œuvre de destruction.

PIÈCES JUSTIFICATIVES

N° 1

ARRÊTÉ DU 3 OCTOBRE 1792 CONCERNANT LES ECCLÉSIASTIQUES

Le conseil permanent du département du Cantal, sur l'avis qui lui a été donné, que les prêtres réfractaires, quoique munis de passe-ports pour se rendre en pays étranger, sont arrêtés sur les frontières et forcés de revenir sur leurs pas ; considérant que la loi qui les bannit du territoire français, pour être suspendue par l'effet des circonstances, n'entend pas qu'ils puissent rentrer dans leurs foyers ; que néanmoins il est de justice de leur assurer provisoirement une retraite, sans toutefois exposer le département à de nouvelles dissensions auxquelles leur présence pourrait donner lieu.

Considérant que d'après l'état comparatif des prêtres du département sujets à la déportation, et celui des demandes en passeports, plusieurs d'entre eux, en se cachant, se sont soustraits à l'effet de la loi, et entretiennent autour d'eux des divisions préjudiciables à la tranquillité publique.

Considérant aussi que dans le nombre des prêtres assermentés, il en est qui ont ajouté à leur serment des restrictions ou réserves prohibées par la loi ; que plusieurs municipalités de campagne en recevant ces sortes de serments, ont par une coupable condescendance couvert ces infidélités, et qu'il importe cependant de connaître les auteurs de ces serments simulés, qui, sous le manteau de la loi, couvrent les plus dangereuses manœuvres.

Considérant également que, parmi les ecclésiastiques non sujets au serment, plusieurs d'entre eux enhardis par l'immunité où la loi les avait placés, se sont notoirement montrés ennemis de la Révolution, et que c'est surtout par leurs instigations que les villes et les campagnes ont été agitées ; que cependant la loi du 26 août dernier, qui soumet aux peines portées contre les prêtres, impose à l'administration le devoir de sévir également contre ceux-ci.

Considérant enfin qu'il est temps que le département se repose des longues agitations où le fanatisme religieux l'avait entraîné, et que le danger de la patrie rend instantes les mesures à prendre pour assurer sa tranquillité ; après avoir ouï le procureur-général-syndic, arrête ce qui suit.

Article premier

Tous les ecclésiastiques du département, sujets à la déportation par la loi du 26 août dernier, qui, partant pour les pays étrangers, auraient été arrêtés sur les frontières, ainsi que ceux qui craindraient de l'être, sont tenus, à moins qu'ils ne préfèrent sortir du département, de se rendre, dans le délai de huit jours après la publication du présent arrêté, au chef-lieu du département, dans la maison de la ci-devant abbaye du Buis, qui demeurera à cet effet soumise à l'inspection et à la police de la municipalité de la ville d'Aurillac ; ils y resteront provisoirement consignés jusqu'à ce que la Convention Nationale, à qui il en sera incessamment écrit, aura définitivement statué sur leur sort.

II.

Les ecclésiastiques sexagénaires ou infirmes, qui, conformément à l'article VIII de la loi du 26 août, ne sont pas assujettis à la peine de la déportation, sont également tenus de se rendre dans le même délai, en la maison désignée par l'article précédent, et ce délai expiré, les Conseils généraux des communes sont expressément chargés d'y faire conduire, par la force publique, ceux qui se trouveraient dans leur territoire.

III.

Les frais de transport et de voyage, avancés par les Conseils généraux des communes, seront, sur une ordonnance expédiée par le directoire du département, remboursés par le receveur du district d'Aurillac, et le recouvrement de ces fonds sera demandé au Ministre de l'Intérieur.

IV.

Les ecclésiastiques, obligés de se réunir dans la maison indiquée par l'article premier, sont avertis d'apporter avec eux tout ce qu'ils croiront nécessaire à leur service personnel, tel que lits, linge et ustensiles de ménage.

V.

Il sera dressé par chaque municipalité du département un état nominatif de tous les ecclésiastiques assujettis au serment par la loi du 26 décembre 1790, et celle du 17 avril 1791, qui depuis un an auraient résidé, soit habituellement, soit par intervalle, dans leur territoire. Cet état, qui devra être dressé dans le délai de quinzaine, portera les noms, surnoms, âge, qualité et signalement des personnes, si faire se peut, et sera de suite envoyé au directoire du district, dans l'enclave duquel chaque municipalité se trouvera située.

VI.

De toutes les listes portées dans les quatre districts, et qui devront être ensuite envoyées par ceux-ci au directoire du département, il en sera fait une générale, laquelle sera à la diligence du procureur-syndic, imprimée et affichée dans toutes les paroisses du département ; cette liste une fois affichée, tous les citoyens du département sont autorisés et même invités, au nom de la patrie en danger, d'arrêter et de conduire devant la municipalité du lieu, partout où ils pourront les rencontrer, ceux des ecclésiastiques portés dans le tableau général, sans que néanmoins ils puissent se permettre aucune violence sur leurs personnes, ou bien de dénoncer aux Conseils généraux de leurs communes le lieu du domicile où ils sauraient qu'ils résident.

VII.

Les ci-devant vicaires généraux du sieur Ruffo, les missionnaires congréganistes, les desservants de chapelle ou succursale, les aumôniers d'hôpitaux, prisons, maisons de charité et hospices, ceux des communautés religieuses, sont réputés compris dans les dispositions du décret des 11 et 13 juillet 1790, c'est-à-dire assujettis au serment, comme exerçant, à cette époque, des fonctions publiques, et ceux d'entre eux qui ne pourront pas justifier du serment par eux prêté, seront réputés réfractaires.

VIII.

Les Conseils généraux des districts sont expressément chargés de vérifier le plus exactement possible, tous les procès-verbaux de la prestation du serment des ecclésiastiques actuellement employés, reçu par chaque municipalité, et, s'ils en trouvent quelqu'un portant des restrictions ou amendements quelconques, ils sont tenus d'en donner avis aussitôt au Conseil général du département qui ordonnera de suite le remplacement des ecclésiastiques dont le serment n'aura pas été pur et simple.

IX.

A l'égard des autres ecclésiastiques, qui n'ont pas été assujettis au serment par les lois du 26 décembre 1790 et 17 avril 1791, chaque municipalité enverra dans le délai de quinzaine aux directoires de districts, et ceux-ci au directoire du département, un tableau de ceux qui depuis un an ont résidé dans leur territoire, soit habituellement, soit par intervalle ; les municipalités joindront à ce tableau, des notes sur la conduite de ces mêmes ecclésiastiques, pendant la Révolution. Et si quelqu'un d'eux a par ses discours, ses conseils ou tout aûtres actes extérieurs, excité directement ou indirectement du trouble, fomenté la discorde, les citoyens sont invités à les dénoncer aux directoires de districts, qui en donneront avis à celui du département ; et les officiers municipaux, qui auraient connaissance de troubles ou désordres excités dans le territoire, par le fait de ces mêmes ecclésiastiques, sont personnellement responsables du retard qu'ils mettraient à les dénoncer.

X.

Le présent arrêté sera imprimé et affiché dans toutes les paroisses du département, lu aû prône de la messe paroissiale en présence de la municipalité, par le curé ou le vicaire, ou à leur refus par un officier municipal ; et lecture faite dudit arrêté, la municipalité dressera procès-verbal du tout, dont copie sera envoyée au conseil général du département.

Fait et arrêté en conseil permanent du département du Cantal, à Aurillac, le 3 octobre 1792, l'an premier de la République française. Séants les citoyens Destanne, vice-président, Devillas,

Bernard Rames, Vaurs, Milhaud, Grandet, Salsac, Ganilh, Boisset, Valarcher, Vidal, Bladier, Vaissier, Laden, administrateurs, Coffinhal, procureur-général-syndic, et Bertrand, secrétaire général. (1)

(1) Procès-verbal de l'assemblée départementale de 1792, page 225.

N° 2

ARRÊTÉ DU 20 OCTOBRE 1792 ORDONNANT L'EMPRISONNEMENT DES PRÊTRES

Séance du 20 octobre du conseil permanent, à laquelle ont assisté les citoyens Ganilh, faisant les fonctions de président, Bladier, Vaurs Destaing, Milhaud, Bernard, Pons, Boisset, Rames, Salsac, Vidal, administrateurs, Coffinhal procureur-général-syndic, et Bertrand, secrétaire général.

Après avoir délibéré, l'assemblée arrête ;

ART. Ier. — Il est enjoint aux commandants de la gendarmerie nationale de ce département, ses capitaines ou lieutenants, de donner, aussitôt après la réception du présent arrêté, aux maréchaux-des-logis, brigadiers ou gendarmes de chaque brigade les ordres les plus précis de se transporter chacun dans les municipalités de son arrondissement, pour faire les sommations, perquisitions ci-après.

ART. II. — En exécution de l'article V de l'arrêté du 3 de ce mois, le chef de brigade sommera la municipalité où il se sera présenté, de lui remettre, dans l'heure et sans désemparer, l'état nominatif des ecclésiastiques assujettis au serment par les lois du 16 décembre 1790 et 17 avril 1791, qui n'auraient pas prêté ledit serment, ou après l'avoir prêté l'auraient rétracté.

Art. III. — Ladite municipalité sera pareillement sommée de fournir, dans le même délai, au chef de la brigade, pareil état de tous les ecclésiastiques étrangers qui se seraient réfugiés dans son territoire.

Art. IV. — Ces états porteront les noms, prénons, âge, qualité et signalement desdits ecclésiastiques, si faire se peut.

Art. V. — En exécution de l'article VI de la loi du 26 août, et de l'article IX de l'arrêté du 3 du présent, le chef sommera pareillement la municipalité de lui remettre, dans le même délai, le tableau de tous les autres ecclésiastiques non assermentés, séculiers et réguliers, prêtres, simples clercs minorés ou frères laïcs, sans exceptions ni distinctions, résidants dans son territoire depuis un an, habituellement ou par intervalle.

Les municipalités joindront à ces tableaux des notes précises de ceux qui, quoique non assujettis au serment, auraient par leurs discours, leurs conseils ou autres actes extérieurs, excité directement ou indirectement du trouble ou fomenté la discorde.

Art. VI. — Il est enjoint aux municipalités de fournir aux chefs de brigade, sur l'exhibition du présent arrêté, les états et tableaux, exigés par les articles précédents ; ces états seront signés et certifiés sincères et véritables par les officiers municipaux présents.

Art. VII. — En cas de refus de la part des municipalités de fournir et signer lesdits tableaux, il en sera dressé procès-verbal par les chefs de brigade qui le remettront de suite aux directoires de district, lesquels les feront parvenir sans retard avec leur avis au directoire du département.

Art. VIII. — D'après la remise desdits états et tableaux, les chefs de brigade et gendarmes nationaux feront les perquisitions les plus exactes, tant des ecclésiastiques assujettis au serment, résidants dans le ressort de leur municipalité, que de tous autres prêtres étrangers qui s'y seraient réfugiés, saisiront lesdits ecclésiastiques et les conduiront en la ville d'Aurillac, en la maison de la ci-devant abbaye du Buys, lieu de réclusion indiqué par l'article premier de l'arrêté du 3.

Art. IX. — Conformément à l'article premier de la loi du 3 août 1791, relative à la force publique, tous citoyens, inscrits ou non sur le rôle de la garde nationale de leurs municipalités, seront tenus de prêter secours aux chefs de brigade et gendarmes nationaux, aussitôt que les mots *force à la loi* auront été prononcés, et sans qu'il soit besoin d'aucune autre réquisition.

Art. X. — En cas de refus ou d'insuffisance de force publique sur les lieux, les chefs de brigade pourront s'adresser aux directoires de districts, lesquels seront tenus de requérir de suite une force aussi importante que les circonstances pourront l'exiger, de manière que la loi du 26 août, l'arrêté du 3 octobre et le présent, reçoivent leur pleine et entière exécution.

Art. XI. — Il est expressément défendu à tous, et en particulier aux dépositaires de la force publique, de faire aux personnes arrêtées aucun mauvais traitement ni outrage, même d'employer contre elles aucune violence, si ce n'est en cas de résistance ou de rébellion, en prenant néanmoins toutes les mesures nécessaires pour s'assurer d'elles ; le tout aux peines prononcées par l'article VI du titre II de la loi du 16 février 1791, contre les officiers, sous-officiers ou gendarmes qui manqueront à ce devoir.

Art. XII. — A l'égard des autres ecclésiastiques non sujets au serment compris dans l'article V du présent arrêté, et dont les tableaux exigés par ledit article auront été remis par les municipalités, les chefs de brigade ou gendarmes seront tenus de remettre sans délai lesdits tableaux aux directoires de districts, lesquels, conformément à l'article VII de la loi du 26 août, notifieront de suite aux ecclésiastiques notés auxdits tableaux, et dans les cas prévus par ledit article V, copie collationnée de ladite loi, avec sommation d'y obéir et de s'y conformer.

Art. XIII. — Il est très expressément défendu à tous dépositaires de la force publique, requis en exécution du présent arrêté, ainsi qu'à tous officiers municipaux, de favoriser la retraite et la fuite d'aucuns ecclésiastiques soumis aux dispositions ci-dessus ; en cas de conviction d'une pareille collusion ou d'une négligence de leur part pour l'exécution du présent arrêté, les prévenus seront déclarés prévaricateurs et poursuivis comme tels.

Art. XIV. — L'arrêté du 3 du mois sera en outre exécuté en tout ce qui n'y est pas dérogé par le présent.

Art. XV. — Le présent arrêté sera imprimé au nombre de 650 exemplaires, dont 50 seront remis sans délai au commandant ou capitaine de la gendarmerie nationale, pour l'exécution d'icelui ; il sera en outre affiché dans toutes les municipalités du département (1).

(1) Procès-verbal de 1792, p. 263.

N° 3

ARRÊTÉ DU 7 NOVEMBRE 1792 CONTRE LES PRÊTRES

Le conseil permanent, dans sa séance du 7 novembre, après délibération prise, arrête :

Art. Ier. — Tous les ecclésiastiques, domiciliés dans le département ou étrangers, bannis du territoire français par la loi du 26 août 1792, soit qu'ils aient été arrêtés sur les frontières, soit qu'ils aient craint seulement de l'être, restent toujours obligés d'obéir à la dite loi, en cherchant de leur plein gré d'autres sorties qui pourront ne point leur présenter les mêmes obstacles. En conséquence, il est dérogé aux dispositions de l'arrêté du 3 octobre dernier, en tout ce qui n'y est pas conforme au présent.

Art. II. — Ces mêmes ecclésiastiques sont tenus d'évacuer, sous huit jours, le territoire du département, et, dans quinze, celui de la République ; ces différents délais courront du jour de la publication du présent arrêté, et après leur expiration, ceux des dits ecclésiastiques qui ne s'y seraient pas conformés, seront dans le cas de la déportation forcée.

Art. III. — Huit jours après la publication du présent arrêté, les directoires de districts ordonneront des visites domiciliaires partout où ils les jugeront nécessaires pour s'assurer de l'exécution de la loi.

Art. IV. — Il est expressément enjoint aux municipalités de surveiller les maisons soupçonnées de recéler les ecclésiastiques réfractaires ou perturbateurs ; et toute connivence de leur part, infidélité ou négligence à ce sujet, seront réputées délits contre la sûreté publique.

Art. V. -- Le conseil du département recommande spécialement aux directoires de districts, de presser et de surveiller l'exécution du présent arrêté ; il leur rappelle en outre les articles XI et XII de la loi du mois d'août 1792, relative aux ecclésiastiques réfractaires, et leur enjoint de les mettre à exécution dans le plus bref délai.

Art. VI. — Le conseil de département avertit les municipalités de l'obligation où elles sont de dénoncer et de faire arrêter tous les ecclésiastiques qui, par quelque acte extérieur, insinuation, conseil, ou tout autre voie, auraient cherché à exciter du trouble.

Il réitère aussi à tous les bons citoyens, l'invitation qui leur a déjà été faite de donner avis à leur municipalité ou aux directoires du district, de tout délit ou désordres causés par le fait de ces mêmes ecclésiastiques.

Il leur rappelle en outre le droit que la loi du 26 août dernier leur donne de requérir, pourvu qu'ils soient au nombre de six, l'éloignement des prêtres insermentés perturbateurs.

Art. VII. — Les arrêtés du 3 et 20 octobre dernier seront en outre exécutés en tout ce qui n'y est pas dérogé par le présent, lequel sera imprimé au nombre de six cents exemplaires, affiché dans toutes les paroisses du département, et lu à l'office de la messe paroissiale, en présence de la municipalité assemblée à cet effet.

Collationné :

Altaroche, président.

Bertrand, secrétaire général (1).

(1) Procès-verbal de l'assemblée de 1792, page 336.

TABLE DES MATIÈRES

CHAPITRE Ier. — Lutte entre les catholiques et les schismatiques.................. 1

CHAPITRE II. — Adresse furibonde des *Amis de la Constitution*, de Murat, relative à la lutte religieuse. — Rapport du procureur-général-syndic du Cantal sur le maintien de la tranquillité publique.... 14

CHAPITRE III. — Troubles religieux dans le Puy-de-Dôme : à Saulzet-le-Froid, Saint-Georges, Vollore, Ambert, Valbeleix, Vic-le-Comte, Saint-Sandoux, La Sauvetat, etc...................... 33

CHAPITRE IV. — Troubles religieux dans le Puy-de-Dôme (suite). — Angoisses et gémissements des intrus. — Troubles à Trémouille-Saint-Loup, à Saint-Bonnet-lès-Arrival, à Château-sur-Cher, à Mezel.............................. 46

Chapitre V. — Troubles religieux dans le Cantal en 1791. — Répulsion générale pour le clergé constitutionnel. Mouvements dans le district de Mauriac: Mauriac, Chaussenac, Ally, Champagnac. — Dans le district de Saint-Flour : Jabrun, Maurines, Tanavelle, Oradour......... 61

Chapitre VI. — Troubles religieux dans le district d'Aurillac: A Cassaniouze, Pers, Boisset........................... 71

Chapitre VII. — Affaire de Sénezergues. — Meurtre de Jean Garrouste......... 84

Chapitre VIII. — Connivence de certains juges et de plusieurs gendarmes avec les proscrits........................ 95

Chapitre IX. — Troubles en 1792 dans les districts d'Aurillac, de Murat, de Saint-Flour.............................. 101

Chapitre X. — Troubles religieux à Ladinhac : les confesseurs de la foi, Trotapel, Delpont, Lantuéjoul, Noyrit, Lafarge, Gladines........................... 112

CHAPITRE XI. — Arrestation de l'abbé Noyrit. — Les volontaires à Ladinhac. — Confiscation du mobilier des prêtres.... 127

CHAPITRE XII. — Troubles en 1792 (suite). — Le schisme à Saint-Saury, Raulhac, Faverolles, Saint-Just. — Les confesseurs de la foi, Pouilhès, Deconquens, Lamouroux, Tourette, Bertrand. — Troubles à Saint-Flour. — Adresse de l'administration à la Convention....... 143

CHAPITRE XIII. — Troubles à Siran. — Lois du gouvernement et arrêtés du département contre les prêtres.—Le décret du 26 août 1792. — Fin de l'extermination du clergé séculier........................ 161

CHAPITRE XIV. — Extermination des ordres religieux........................

CHAPITRE XV. — La patrie en danger. — Emprisonnement du roi. — Bataillons de volontaires. — Fin de l'Assemblée législative........................ 178

PIÈCES JUSTIFICATITES. N° 1. — Arrêté du 3 octobre 1792 concernant les ecclésiastiques........................ 188

N° 2. — Arrêté du 20 octobre 1792 ordonnant l'emprisonnement des prêtres..... 196

N° 3. — Arrêté du 7 novembre 1792 contre les prêtres........................ 202

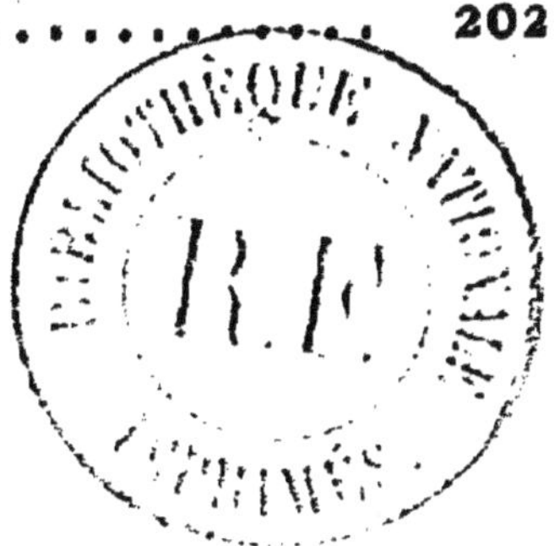

Aurillac, Imprimerie Moderne.

www.ingramcontent.com/pod-product-compliance
Lightning Source LLC
Chambersburg PA
CBHW071946090426
42740CB00011B/1843